Etsuo Miyoshi

Ma poliomyélite m'a ouvert le monde à une paix durable :

invention, santé, équité linguistique

A propos de l'auteur

Etsuo Miyoshi

Conseiller principal, Swany Corporation.
Né en 1939 dans la préfecture de Kagawa.
Peu après sa naissance, la polio a rendu sa jambe droite invalide.
En 1964, en tant que cadre supérieur de Swany, il a commencé à voyager à l'étranger pour ouvrir des marchés pour les gants de ski et les gants pour temps froid.
A inventé le Swany Bag, un sac de la taille d'un bagage de cabine basé sur une valise à roulettes vue à New York, conçu pour supporter le poids de l'utilisateur, et le Swany Mini, le plus petit fauteuil roulant pliable du monde, deux produits à succès.
Il a ensuite été président et président du conseil d'administration de Swany Corporation, et est maintenant conseiller principal.
Dans ce livre, il raconte sa vie.

La traduction française a été réalisée à partir de la version anglaise par Cédric Stéphany comme traducteur principal et Xavier Godivier comme co-traducteur et relecteur.
Formé à la linguistique en autodidacte, Cédric Stéphany pratique la traduction sous toutes ses formes. Versé dans l'écriture créative, il recherche des nouvelles formes d'élaboration dans la fiction et du poétique.
Xavier Godivier a obtenu un doctorat en Sciences à l'Université d'Angers en 1997. Ayant découvert l'espéranto quelques années auparavant, cela l'a conduit au métier de la traduction de l'anglais vers le français, qu'il exerce depuis 2001 dans les domaines scientifiques et techniques. Habitant en Bretagne il est actif dans le réseau d'associations d'espéranto, actuellement président de la fédération Espéranto-Bretagne et membre du conseil d'administration de la Maison culturelle de l'espéranto en Anjou.

Etsuo Miyoshi

Ma poliomyélite m'a ouvert le monde à une paix durable :

invention, santé, équité linguistique

Recommandations pour une vie active qui transforme le désespoir en espoir

© 2023, Etsuo Miyoshi
Édition : BoD – Books on Demand, info@bod.fr

Impression : BoD – Books on Demand, In de Tarpen 42, Norderstedt (Allemagne)

Impression à la demande
ISBN : 978-2-3224-7425-7
Dépôt légal : mai 2023

Ma poliomyélite m'a ouvert le monde à une paix durable : invention, santé, équité linguistique

Écrit par : Etsuo Miyoshi
Traduit par : Cédric Stéphany et Xavier Godivier
Conception de la couverture : Hiroki Nakamitsu

Edition japonaise : ASA Publishing Co., Ltd.
http://www.asa21.com

Préface

Je suis né dans une petite ville du nord-est de l'île japonaise de Shikoku, une ville célèbre pour son industrie du gant, et j'ai hérité de l'entreprise de gants de mon père. Au cours du dernier demi-siècle, une concurrence féroce a fait chuter le nombre de fabricants de gants de plus de deux cents à un quart de ce nombre. Il était inévitable qu'une industrie à forte intensité de main-d'œuvre comme la nôtre soit touchée par l'augmentation du coût de la main-d'œuvre, mais nous avions une autre faiblesse : le fait que nous fabriquions un produit saisonnier qui ne se vend qu'en hiver.

Après avoir succédé à l'entreprise familiale, j'ai travaillé dur pour vendre les produits de notre petite entreprise au monde entier, mais rompre avec notre dépendance à l'égard d'un produit saisonnier était un défi. La seule façon de relever ce défi était de créer un nouveau produit à succès.

Après de nombreux efforts, nous avons mis au point le sac de soutien corporel Swany et le plus petit fauteuil roulant pliable du monde, le Swany Mini.

L'impulsion derrière ce développement de produit est venue de mon propre handicap, causé par une polio juste après ma naissance. Dans ce livre, j'aimerais partager certains des drames qui ont jalonné ce parcours.

Plus tard, j'ai souffert d'une maladie rénale, dont je me suis remis après avoir suivi une thérapie de jeûne difficile. Je vais également décrire mon expérience de ce régime de santé.

Ensuite, j'évoquerai mon implication dans la question d'une langue internationale.

Depuis mon plus jeune âge, je suis un soutien actif de l'espéranto. J'expliquerai les raisons pour lesquelles la question de la communication internationale est si importante et j'examinerai ce qu'il adviendra du monde si l'on permet à la langue anglaise de poursuivre sa mainmise sur le monde.

C'est l'histoire d'une renaissance, réalisée avec mon handicap comme tremplin.

Plus tard, j'en suis venu à considérer que mon malheur était à l'origine de mon bonheur, mais entre-temps, à l'âge de 81 ans, je trouve que l'attachement à la vie qui me reste se réveille. Lorsqu'ils parlent de leur propre vie, les gens ont tendance à se vanter. Même lorsqu'ils sont effacés, qu'ils parlent de leurs échecs ou de leurs côtés négatifs, les gens ont tendance à se vanter de manière « modeste ». L'histoire que je raconte dans ce livre ne fait probablement pas exception. Malgré tout, j'espère qu'il y a quelque chose dans mon expérience de vie qui pourrait être utile d'une manière ou d'une autre à d'autres personnes qui vivent avec des handicaps comme le mien, ou qui sont confrontées à des difficultés au travail ou chez eux au cours de la pandémie de Covid-19. Je vais donc faire de mon mieux pour raconter mes expériences de manière honnête et directe.

Mars 2021   Etsuo Miyoshi

L'auteur se promenant avec un sac
Swany dans chaque main

Devant le siège de Swany

Autoportrait à l'huile

Swany Bag, le sac qui soutient le poids de l'utilisateur.
Pour un usage quotidien et en voyage

Contenu

Préface   7

Contenu   11

PARTIE 1. COMPRENDRE LES BESOINS DE SOUTIEN   17

1. Karma   19

    Mon parcours   19
    Une échappée belle dans une frêle embarcation   21
    Mon père   23
    Les difficultés à surmonter et la rencontre de ma mère   24
    Ma mère   25
    Mariage et désaveu   26
    Famille nombreuse   27

2. Surmonter le handicap   29

    Anciennes tentes militaires américaines – aux origines de Swany   29
    Ce que je dois à mon père   30
    La bénédiction de ma mère   31
    Oomoto   33
    Mes parents rejoignent l'Oomoto   34
    Lutte contre le handicap   35
    Rejet et disparition   36
    Ma mission   38
    Rejet et trésor   39

3. Trouver de nouveaux marchés   42

L'industrie du gant de Kagawa	42
La naissance de Swany	43
Une stratégie révolutionnaire de réduction des coûts	44
Le monde trouble de l'exportation	46
Tour du monde des affaires	48
Se débattre avec l'anglais	50
Je ne me fais pas comprendre	52
Supprimer le courtier – un rêve devenu réalité	53
Vie nocturne	54
Développer de nouveaux marchés avec un anglais approximatif	55
Question de taille	56
Importateurs européens	57
Sears, le premier grand magasin du monde	58
Une invitation du PDG de Sears	60

4. Le Saint Graal – un produit pour toute l'année   61

Un chemin semé d'embuches	61
Dans l'hémisphère sud	62
Un pas en avant, un pas en arrière	64
Gants UV pour une production tout au long de l'année	65
Au-delà des gants	66

5. Expansion à l'étranger   68

Produire à domicile	68
La base de production est délocalisée en Corée	69
Swany accusée de fuir la Corée	71
Création de Swany America	72
Naissance de Swany China	74
Franchir les barrières culturelles	76
Confrontation	77
Le journal de mon frère	79
Percée dans le nord-est de la Chine	80
Focus sur la Chine	82
La Chine, une superpuissance économique	84
Manifestations anti-japonaises	84
Pénétrer le marché chinois	85

Vers l'Asie du Sud-Est   87

6. Percée   **89**

   Faire confiance aux jeunes   89
   Mes successeurs   89
   Anticiper les processus du point de vue du client   91
   250 mètres de natation par jour   92
   Tourbillon de faillites   94
   Rédaction de cartes postales pendant les jours de congé   95
   Simplification, spécialisation, standardisation   97
   Marcher avec une attelle de jambe   98
   Voyager avec un handicap I   99
   Voyager avec un handicap II   100
   Abandon des somnifères   101
   Garder des traces   102
   Améliorer les compétences en matière de communication   104
   Le papier millimétré – une source de sagesse   105

7. Apprendre de tout ce qui m'entoure   **106**

   Tirer les leçons des voyages en avion   106
   Apprendre des hôtels   107
   Les leçons de M. Cohen   109
   Tirer les leçons des accidents   110
   Apprendre des techniques de communication   112
   Apprendre à partir de conférences   113
   Tirer les leçons du recrutement   114
   Tirer les leçons des conseils   115
   Apprendre de l'étude des langues   116
   Apprendre des toilettes   117
   Apprendre de Yoshiko   118
   Apprendre de la dactylographie   120
   Apprendre à partir de la lecture   121
   Apprendre de la prière   122

PARTIE 2. RÉPONDRE AUX BESOINS DE SOUTIEN   **125**

Commentaires des utilisateurs du sac Swany 126
Découverte 126
Défis dans le développement du sac de marche 127
Un long chemin vers l'acceptation 129
Roulettes silencieuses et à rotation libre 130
Apprécié par les personnes non handicapées 131
Sac avec roues interchangeables 131
Le point de vue des personnes handicapées 132
Répondre aux besoins des femmes 133
Un sac à main sur lequel s'appuyer 133
Un sac sur lequel on peut s'asseoir 134
Sac compartimenté pour les personnes ayant des problèmes de dos 135
Naissance de la butée à quatre roues 135
Un Swany dans chaque main 136
Roues élargies 136
Roulettes silencieuses 137
Un sac plus léger 137
Service après-vente 138
Demandes d'études supplémentaires 138
Des clients fidèles 138
En Asie 139
Réunions de dépannage 139
Fauteuil roulant aminci 140
Moins de la moitié de sa taille, 80 ans plus tard 141
Brevets précédents 143
Une première mondiale ! Un fauteuil roulant avec des poches 144
Cherche dessinateurs ! 145
La situation économique actuelle de Swany 145
Invitation à la garden-party impériale 147

PARTIE 3. LA SCIENCE DU JEÛNE   149

Attiré par le jeûne 150
Un curieux « camp » de jeûne 150
Expulsion des selles incluses 151
Une routine clinique chargée 153
Mon compagnon, l'étudiant universitaire 154

Apprendre de l'assemblée du matin	155
Apprendre des patients	156
Néphrite guérie par un régime à base de crudités	157
Pas plus de 2 000 kcal par jour	158
Un régime léger basé sur l'amour et la compassion	159

PARTIE 4. UNE FUTURE LANGUE MONDIALE — 161

L'anglais peut-il vraiment être une langue commune ?	162
Apprendre l'espéranto	163
Au congrès mondial du fédéralisme	164
Annonces dans les journaux des États membres de l'UE	166
Débat linguistique à Varsovie	168
Débat sur les langues au Parlement européen	170
Tournée de conférences interrompue en France	170
Réception d'une décoration de la Pologne	171
Mon ami, le lauréat du prix Nobel	171
Un seul Dieu, une seule langue internationale	172
Espérantistes notables	174
Zamenhof, combattant pour la paix	175
L'univers et la vie	176

Postface — **179**

PARTIE 1.

COMPRENDRE LES BESOINS DE SOUTIEN

1. Karma

Mon parcours

Ma maison familiale se trouve sur la côte de la mer intérieure de Seto, au Japon. En ouvrant le portail arrière, vous pouvez admirer la mer et l'île de Shōdoshima juste devant vous.

À l'école primaire, je passais mes étés à jouer dans des piscines creusées au bord de l'eau et à nager dans les eaux peu profondes. Chaque jour, mes frères et moi rentrions de la plage et arrivions dans la maison, ensablés de la tête aux pieds, ce qui nous valait les réprimandes de ma mère. Tsuneo Naruse, un voisin et camarade de collège, était avec nous en permanence. Il me tirait par la jambe dans l'eau plus profonde et me regardait couler et remonter vers la surface tour à tour. Mais dès que le jeu devenait un peu trop dangereux, il me ramenait là où j'avais pied. Je nageais comme un fou, avalant de l'eau de mer, mais comme je savais qu'il était là en cas de besoin, je goûtais à ma guise au frisson du danger.

Bientôt, je me découvris une aptitude à nager sur quatre ou cinq mètres. Je nageais tous les jours, enregistrant des progrès tels qu'à mon arrivée au collège, je parcourais la mer sur des centaines de mètres. Le ciel bleu clair, le contact des méduses à proximité du rivage, les petits poissons louvoyants et le panorama sous-marin peuplé d'étoiles de mer lorsque je plongeais, cet univers m'attirait corps et âme.

Ma jambe droite, qui me causait tant de tracas sur terre, évoluait sans difficulté en milieu aquatique. Je nageais des centaines de mètres sur l'eau calme, au nord, vers Shōdoshima ; puis je détendais mon corps et je me reposais, allongé sur le dos. L'eau m'arrivait presque jusqu'au nez et à la bouche ; il était pourtant rare que j'en ingurgite. Pendant les quatre ou cinq minutes où j'étais allongé là, flottant à la surface dans un état d'apesanteur béat, c'était le paradis sur terre !

Je suis né le 16 décembre 1939, juste à l'ouest du temple Kyōrenji, à Shirotori, dans la préfecture de Kagawa, sur l'île de Shikoku (en 2003, Shirotori a fusionné avec les villes voisines de Ōchi et Hiketa pour former la nouvelle ville de Higashikagawa). Âgé de seulement six mois, j'ai contracté une forte fièvre, ma mère m'ayant accompagné dans tous les hôpitaux du coin, on me diagnostiqua une « paralysie infantile », ma jambe droite en demeura affectée.

À l'école primaire, nous avions l'habitude de nous rendre sur le terrain du sanctuaire Shirotori, un sanctuaire Shinto dans les parages de l'école, pour faire de l'exercice. C'était une grande étendue sablonneuse jouxtant la mer, avec beaucoup de grands pins. Comme je peinais à suivre les entraînements physiques, les professeurs me laissaient à l'écart, me chargeant de surveiller les affaires de mes camarades. Je détestais vraiment ces séances de sport.

Bien que les autres me surpassaient dans tous les domaines, il y avait une chose pour laquelle j'étais meilleur qu'eux : les appuis sur les mains. Et la force que j'ai acquise dans les bras en pratiquant ces appuis et en marchant sur les mains m'a été très utile plus tard dans la vie.

Trois mois avant ma naissance, le 1er septembre, l'Allemagne nazie envahissait la Pologne, déclenchant ainsi la Seconde Guerre mondiale. Deux ans plus tard, le 8 décembre 1941, la guerre du Pacifique éclatait en réponse à l'attaque japonaise sur Pearl Harbor, plongeant le monde dans la tourmente. Mes souvenirs d'enfance, cela étant, ont plutôt rapport avec les souffrances de ma jambe, l'appel du large, le sable et le ciel bleu.

L'auteur à l'âge de huit ans, 1947

Une échappée belle dans une frêle embarcation

À environ 500 mètres à l'ouest de ma maison, il y avait une plage où il était possible de louer un bateau à rames pour vingt-cinq yens l'heure. Quand j'étais encore à l'école primaire, un ami m'a dit qu'ils se débarrassaient de vieux bateaux, et j'ai supplié mon père d'en acheter un. « Non, dit-il de manière définitive, les bateaux sont dangereux ! »

Je lui ai dit : « Sur terre je ne suis bon à rien, mais en mer, tout me sourit ! ! »

Mon père a réfléchi un moment, puis il a dit : « Combien en veulent-ils ? ».

Mon père, qui avait passé sa vie à travailler, ne pouvait même pas s'imaginer ce que c'était de posséder un bateau. « Tu auras des problèmes quand il y aura un typhon. Tu devras faire face à ça. » Le bateau serait sous ma responsabilité. « Hourra ! » m'écriais-je.

L'après-midi et pendant les vacances, j'invitais mes camarades de classe, prenant plaisir à les initier aux joies de l'aviron. Quatre d'entre nous occupaient le siège de deux rameurs, tandis qu'un autre s'asseyait à l'arrière pour le diriger. Lorsque l'île d'Hitogojima apparaissait, nous criions de concert : « Regardez, c'est Hitogojima ! » et nous ramions vers cette petite île située à trois kilomètres de la côte environ, en tirant sur nos rames comme des fous. Puis nous faisions le tour de l'île avant de rentrer.

Mais si l'aller était facile, le retour était moins aisé, et c'est au prix d'un effort intense que nous regagnions finalement la rive, en ramant sur une distance ridicule, mais convenant à des enfants comme nous.

Il y a un vent de sud qui descend depuis les monts Sanuki. Ces derniers dessinent la frontière entre les préfectures de Kagawa et de Tokushima, et traversent la mer jusqu'à Shōdoshima. Un jour que ces vents de Sud sévissaient, je sortis ramer avec mes camarades de classe. Avec ce souffle au portant, nous atteignîmes la petite île de Hitogojima en un temps record. Une fois sur place, des de l'"écume apparut sur la crête des vagues tout autour de l'île. Nous comprîmes qu'il n'y avait pas un instant à perdre : nous devions immédiatement repartir. Le bateau étant ballotté d'est en ouest, nous bataillâmes pour maintenir le cap au Sud,–ramant pour sauver nos vies. Nous fûmes continuellement frappés par de puissantes rafales. Nous arrivâmes toutefois à continuer notre navigation. Nous étions terrifiés à l'idée que dans l'hypothèse d'un chavirage, nous serions emportés par les vagues vers Shōdoshima.

Par chance, le bateau tint bon, et, ramant avec l'énergie du désespoir, nous réussîmes à rentrer à bon port. Là, sur le rivage, nous vîmes mon grand-père Senzō, qui agitait un grand bâton de bambou en criant :

« Si tu essaies de débarquer, je te tue ! »

La vue de mon grand-père furieux nous terrorisa, mais il s'était fait un sang d'encre, et c'était sa façon de nous apprendre à ne plus jamais nous aventurer par des vents de sud. Il devint dès lors célèbre à l'école comme « Le terrible grand-père d'Etsuo », et mes amis cessèrent de venir jouer avec moi pendant un bon moment à la suite de cet évènement.

L'année de mon arrivée au lycée, une digue de deux mètres de haut fut érigée le long du rivage, et il n'y eu alors plus de place pour ranger mon bateau. Le canotage m'avait appris la dureté de la nature et les dangers de la mer, tout en fortifiant mes bras. Mais mes jours d'aviron étaient désormais terminés.

L'auteur avec sa famille près de l'Ile Hitogojima
(2017, de gauche à droite : l'auteur, la fille aînée Ayako, les petites-filles Akari et Saori, et le directeur exécutif de Swany, Yasunobu Kawakita)

Mon père

Mon père Tomio est né le 3 octobre 1908, à Sanbonmatsu dans la ville de Ōchi, troisième fils de Genzō et Sumi Kyōwa, qui eurent au total cinq fils et quatre filles. La famille Kyōwa tenait un commerce où l'on trouvait de la quincaillerie et des articles ménagers. Peu après la naissance de mon père, sa mère ne put bientôt plus l'allaiter, et ce dernier fut alors confié aux soins de la famille Miyoshi, dans la ville voisine de Shirotori. Sa mère adoptive, Yone, était très attentionnée, et mon père grandit sans jamais avoir l'impression d'être traité différemment du fait de son statut d'enfant adoptif.

Au bout d'un an environ, la vraie mère de mon père, Sumi, donna naissance à un autre garçon, et comme elle était occupée avec le nouvel enfant, Tomio resta avec sa nouvelle famille à Shirotori. Quand Tomio eut l'âge de quatre ans, sa mère Sumi décéda et, Yone n'ayant pas d'enfant, Tomio fut officiellement adopté par la famille Miyoshi.

Yasuji Miyoshi, le père adoptif de Tomio était un grand buveur de *saké* et sans profession stable – ce qui avait pour principal effet de laisser sa famille languir dans la pauvreté. Le riz étant pour eux inabordable : ils s'alimentaient de blé bouilli. Yasuji travailla comme vendeur pour le compte de la société pharmaceutique Teikoku Seiyaku. C'est dans ce contexte que, dans l'incapacité de payer ses quittances à l'entreprise, tous les biens de la famille furent saisis par les huissiers. La famille s'agrandit avec deux filles, Akiko et Takako, et un fils, Ryōtarō. Désormais au nombre de six, la famille lutta âprement. Plus tard, un nouveau coup dur l'affecta avec la perte de Ryōtarō qui était devenu soutien de famille — mort au cours de la Deuxième Guerre sino-japonaise, à l'âge de 23 ans.

Une anecdote concernant mon père : il refusa de prendre part au voyage scolaire de sa classe, qui devait embarquer sur un bateau à vapeur pour longer le littoral jusqu'à Takamatsu, la grande ville la plus proche : il ne pouvait se résigner à demander de l'argent à sa mère adoptive, et préféra se rabattre sur le pique-nique annuel d'un intérêt évidemment moindre.

Mon père fit un apprentissage à la brasserie de sauce soja Takeuchi tout en poursuivant les deux dernières années d'école primaire, qui n'étaient pas obligatoires à l'époque. Le système d'apprentissage était très strict à l'époque, et mon père était traité comme un domestique, même par les petits enfants de son maître. S'efforçant d'échapper à la pauvreté, il a même acheté une poule pour en vendre les œufs et gagner un peu d'argent.

Les difficultés à surmonter et la rencontre de ma mère

Tomio venait d'avoir vingt ans et la nouvelle de la mort de son père adoptif, Yasuji, arriva au village. On était resté sans nouvelles de lui depuis son départ pour Hokkaido huit ans auparavant. Tomio voyagea seul vers le nord, car il n'avait pas assez d'argent pour qu'Yone l'accompagne.

Le corps avait été provisoirement inhumé dans un cimetière isolé et enneigé aux environs de Hakodate. Arrivé dans la soirée, Tomio sortit le cercueil de terre et l'ouvrit afin de confirmer l'identité du corps. Il fut surpris de voir du sang couler du nez de Yasuji, bien qu'il fût mort depuis dix jours.

Le corps fut incinéré sans délai, mais lorsque les cendres lui furent restituées, il était dix heures du soir. Il neigeait abondamment et, comme il n'avait que peu d'argent, il passa la nuit à grelotter dans une cabane glaciale à côté du crématorium, serrant les cendres de Yasuji.

Le lendemain, mon père prit le ferry Aomori-Hakodate, puis le train pour la gare de Tokyo Ueno. C'était la première fois qu'il se rendait dans la capitale, mais sans argent, il se contenta de marcher jusqu'à la gare Centrale de Tokyo en portant les cendres de Yasuji. Deux jours et deux nuits plus tard, il était enfin de retour chez lui.

À l'âge de 15 ans, après avoir terminé huit années d'école primaire, mon père trouva un emploi dans la société de gants Kanzaki, une entreprise située dans le quartier de Fukushima à Osaka qui ne comptait que huit salariés. Il y travaillait de huit heures du matin à dix heures du soir, pour un salaire mensuel de cinq yens plus les repas. Nouvelle recrue, la corvée de nettoyage de l'atelier lui était également dévolue. Pour un jeune de cette époque, le salaire qu'il percevait n'était pas dérisoire (dix *sen*, soit un dixième de yen, permettaient alors d'acheter un kilo et demi de riz), mais lorsqu'il se rendait aux bains publics à la fin de sa journée, il était minuit passé.

Il y travailla pendant trois ans et il devint ainsi un gantier qualifié. Il retourna alors à Shirotori, où il commença à travailler à la ganterie Yamamoto, une entreprise qui employait quelques dizaines de personnes. C'est là qu'il rencontra sa compagne, ma mère Shimeko.

À l'âge de dix-sept ans, mon père assista à une conférence d'Onisaburo Deguchi (1871-1948), cofondateur de la religion Oomoto. Séduit par les enseignements d'Onisaburo, il devint immédiatement membre d'Oomoto.

En 1935, mon père, qui avait alors 27 ans et qui était à la tête de la branche Shirotori d'Oomoto, fut inopinément arrêté et détenu par la police locale. La censure de la religion Oomoto par l'État en était à sa deuxième phase. On accusait Onisaburo d'être un traître dont le dessein était d'usurper le trône impérial. Tomio argua du bien-fondé de sa position, mais face à la menace d'une longue peine de prison, il estima que le plus

La fabrique de gants Yamamoto (1929, la mère de l'auteur, Shimeko, est la sixième en partant de la droite)

sûr était de se résoudre, pour le bien de sa famille, à abjurer sa foi et à endurer l'injustice. C'est ainsi qu'il put échapper à la persécution et qu'il rentra chez lui.

Ma mère

Ma mère Shimeko (1911-1998) est née le 28 août 1911 dans le village de Matsubara, deuxième fille de Senzō et Nobu Tani. Sa sœur aînée étant décédée avant sa naissance, elle était donc la seule enfant. Bien que de condition modeste, Senzō et Nobu étaient dévoués à leur fille et, chose inhabituelle à l'époque pour une famille de paysans, ils firent en sorte qu'elle put poursuivre les deux dernières années d'école élémentaire au terme de ses six années d'enseignement obligatoire. Par ailleurs, ils lui offrirent des leçons de danse et de musique traditionnelles. Mon père et ma mère se rencontrèrent à la ganterie Yamamoto. Ils se prirent l'un pour l'autre d'affection, mais Senzō, mon grand-père, voyait d'un mauvais œil que Tomio fût un adepte d'Oomoto. Ça le révulsait de voir en Tomio un disciple fanatique de ce « culte sinistre » – expression par laquelle on désignait communément Oomoto – même si, plus tard, il en vint à éprouver de la fierté à l'égard de son gendre.

Le problème de la continuation de la lignée familiale des Tani constituait un autre obstacle. Tomio, bien qu'adopté, était l'héritier de la famille Miyoshi, et, depuis la mort de Ryōtarō, fils unique. Shimeko n'ayant pas de frères, un mariage avec Tomio eût signifié l'extinction de la famille Tani. Pressée par ses parents, qui répugnaient à laisser la famille s'éteindre (et qui se méfiaient aussi d'Oomoto), Shimeko renonça à contrecœur à ses espoirs d'épouser Tomio et épousa un homme de la même ville, qui prit son nom et devint l'héritier de la famille Tani – un arrangement courant au Japon lorsqu'il n'y a pas de fils dans une famille.

En 1931, l'année de l'invasion japonaise de la Mandchourie, alors que Shimeko avait 20 ans et venait de donner naissance à son premier fils, Hajime, le mariage se brisa. Après le divorce, le premier mari de Shimeko partit faire la guerre en Chine et mourut au combat. Quand j'eus atteint l'âge adulte, ma mère me confia que le père de mon frère aîné « reposait dans le lieu le plus élevé du cimetière militaire ».

Dès qu'il eut appris le divorce, Tomio, mon père, demanda Shimeko en mariage. Touchée par le fait que ses sentiments pour elle n'avaient pas changé, elle accepta.

Mariage et désaveu

Quand mes parents commencèrent leur vie conjugale, mon père avait 24 ans et ma mère 21. Mon père quitta la maison Miyoshi avec tous ses biens dans une valise, et emménagea avec ma mère dans une annexe de la maison de Senzō. Bien que mon grand-père accepta leur mariage et l'emménagement de mon père, il désapprouvait toujours Oomoto. Lorsque mon père fut placé en détention par la police, Senzō l'exhorta à quitter sa religion. Même ici, en province, tout le monde parlait de la nouvelle de « L'incident d'Oomoto », et l'image que les gens avaient d'Oomoto – celle d'une dangereuse secte – était profondément ancrée. Quand il sortait, les gens le montraient du doigt et disaient : « C'est l'un d'entre eux ». La manière dont mon grand-père percevait Oomoto était tout aussi négative.

En outre, à cette époque, la plupart des mariages étaient arrangés, les mariages d'amour étaient rares et le couple était la proie des persiflages.

Par crainte d'être associé à Oomoto, mon grand-père n'a pas permis l'enregistrement du mariage, et ainsi, jusqu'à l'abrogation de la loi de Préservation de la Paix et la promulgation du nouveau Code civil après la guerre, leur statut conjugal fut celui de l'union libre.

Le nom de la famille Tani ne s'éteignit donc pas ; il fut perpétué par mon demi-frère, Hajime.

Après le début de la répression d'Oomoto, mon père fut si bouleversé par la répression politique de ses coreligionnaires et par la destruction des lieux saints d'Oomoto qu'il en perdit l'appétit et que son poids chuta jusqu'à 39 kilos. Ses frères et sœurs de Sanbonmatsu, inquiets de le voir dépérir, lui donnèrent 80 yens à la place d'une offrande funéraire, pensant que l'argent lui serait plus utile de son vivant qu'après sa mort. Mon père a utilisé cette somme pour aller reprendre des forces dans une source thermale de Kyushu. Il ne montra alors aucun signe de guérison. Il décida par conséquent de consulter un médium de Kyoto du nom de Nakao, qui séjournait à Takamatsu à l'époque. Le médium lui dit que la cause de ses problèmes était l'anxiété liée à sa foi religieuse et lui conseilla de se vouer à la divinité du sanctuaire shinto local et de la prier, en la considérant comme le Dieu d'Oomoto. Par ailleurs, puisque ni la famille Miyoshi ni la famille Tani n'avaient été entièrement satisfaites du mariage, elles devaient organiser une nouvelle cérémonie. De cette manière les choses s'amélioreraient sûrement. Une fois qu'il se serait rétabli, tout ce qu'il entreprendrait serait couronné de succès.

Conformément aux recommandations du médium, mon père se procura un objet de culte du sanctuaire Shirotori Shinto et commença à lui adresser ses prières. Il retourna par ailleurs à la maison de la famille Miyoshi et en ressortit vêtu de son kimono de cérémonie, afin d'avoir un mariage digne de ce nom. Les prédictions du médium s'avérèrent justes : la santé de mon père ne fit que s'améliorer, et, en quatre mois, il avait recouvré sa pleine santé.

Famille nombreuse

En 1935, l'année de la répression d'Oomoto, ma sœur Kichiko naquit, suivie d'un deuxième fils, Yoriaki, en 1937. Puis, le 16 décembre 1939, ma naissance donna un troisième fils à la fratrie. Puis vint un quatrième fils, Asao, en 1942, et, enfin, un cinquième, Haruo, en 1946.

Mon demi-frère aîné, Hajime Tani, eut son diplôme rapidement de l'école secondaire Ōkawa (aujourd'hui Sanbonmatsu Senior High School) et entra à la Sixième école supérieure d'Okayama, qui changea de nom après la guerre pour devenir l'Université d'Okayama. Après avoir obtenu son diplôme, Hajime entra à l'Agence nationale de l'administration fiscale, où il occupa le poste de chef du bureau régional de l'administration fiscale de Kumamoto. Il rejoignit ensuite la société de crédit à la consommation Orient Corporation (Orico), où il atteignit le poste de vice-président. Il est récipiendaire de l'Ordre du Trésor sacré, troisième classe, et vit aujourd'hui à Kawasaki.

Kichiko et Yoriaki étaient continuellement en train de lire et semblaient vivre dans un monde différent de celui de leurs jeunes frères. Je me souviens qu'il y avait sur l'étagère de Kichiko une grande édition en sept volumes du roman français *Les Thibault*. Malheureusement, elle est morte à l'âge de 36 ans, et ses deux enfants, Chinami et Makoto, ont été élevés par mes parents. Yoriaki, l'autre rat de bibliothèque, alla à l'université Waseda de Tokyo et, après avoir obtenu son diplôme, rejoignit le Tokyo Broadcasting System (TBS), travaillant au bureau des informations en tant que directeur, producteur, directeur de division et directeur du personnel. Sa routine professionnelle consistait à réviser des documents et des articles importants destinés à la publication dans les médias pour Swany (la société de gants fondée par mon père fut rebaptisée Swany en 1972). Il vit maintenant à Machida, près de Tokyo.

D'après ses souvenirs, lorsque nous étions enfants, j'étais le patron, et mes deux jeunes frères étaient mes sous-fifres !

Le quatrième fils, Asao, alla également à l'université de Waseda, et rejoignit Swany après avoir obtenu son diplôme. Il travailla dur pour l'entreprise, prenant en charge Swany Ikeda, Swany Kōchi, Swany Tokyo Branch et Swany Korea. Il joua également un rôle clé dans le règlement de la situation chaotique de Swany China. Il prit sa retraite à l'âge de 50 ans pour – un rêve depuis longtemps caressé – se lancer dans l'agriculture. Il jouit aujourd'hui d'une existence en relative autonomie à Susaki, dans la préfecture de Kōchi.

Haruo, mon plus jeune frère, rejoignit Swany après avoir obtenu son diplôme de l'Université d'Asie à Tokyo. Après son succès dans la commercialisation de gants de plein air, il devint indépendant, prenant les droits de marque en guise de pension de retraite. Ses produits « Grip Swany » continuent d'être populaires chez les amateurs de plein air. Malheureusement, il décéda à l'âge précoce de 42 ans des suites d'un cancer de la moelle osseuse, mais son entreprise continue de fonctionner grâce aux efforts d'une nouvelle génération. C'est lors d'un séjour à Tokyo à l'âge de 20 ans que mes parents me dévoilèrent que mon frère aîné, Hajime, avait un autre père. J'appris pour la première fois la vérité sur ma famille.

2. Surmonter le handicap

Anciennes tentes militaires américaines – aux origines de Swany

En 1937, mon père, alors âgé de 29 ans, posa une enseigne à l'extérieur de l'annexe de la maison de Senzō, annonçant « Machines à coudre Miyoshi », et se lança dans les affaires, d'abord en vendant des machines à coudre, puis, à partir de l'année suivante, en fabriquant des gants en tissu, après avoir transformé l'étage supérieur en logement de fonction pour le personnel. Pendant la guerre, mon père et cinq associés créèrent la société Toa Leather dont mon père devint le directeur. Environ 150 personnes y travaillaient à la fabrication de couvre-chefs pour les équipages d'avions, et d'autres fournitures militaires.

Après la guerre, mon père vit une nouvelle opportunité commerciale. Ayant eu vent que l'armée américaine vendait des tentes de surplus, et pensant que le matériau résistant des tentes pouvait être transformé en n'importe quoi, il alla à Osaka pour négocier les tentes, les ramena, après avoir réussi à convaincre un propriétaire de navire de les charger à son bord. Les couturiers lui annoncèrent alors que le tissu était trop dur pour être cousu et qu'ils ne pouvaient rien en faire. Après maintes expérimentations, il parvint à enlever le revêtement imperméable en frottant la matière avec du son de riz à l'aide d'une brosse de récurage.

Mon père obtint de l'administration les droits d'achat de 900 tonnes de vieilles tentes et contracta un prêt bancaire de 10 000 000 yens (à peu près trois à quatre cents millions en devises actuelles). Ces tentes ont été transformées en pantalons pour mineurs de charbon qui se sont vendus comme des petits pains. La demande était très forte, car à cette époque, juste après la défaite du Japon à la guerre, la pénurie touchait tous les domaines.

Il embaucha une douzaine de personnes pour décaper les tentes au son de riz dans un atelier monté en extérieur. Je ne sais pas ce qu'ils faisaient des eaux usées. Probablement les laissaient-elles s'épandre vers la route. Plus tard, ils transportèrent le travail dans une partie peu profonde de la mer la plus proche. Une fois, mon père découvrit en rentrant d'un voyage d'affaires que trois des couturières, Hisae Okada, Tomoko Hashimoto et Masae Ōnishi, manquaient à l'appel. Il les chercha partout, et les trouva finalement : elles nageaient dans la mer sans se soucier du monde. « Dépêchez-vous de retourner au travail ! » leur a-t-il crié. Ce à quoi elles répondirent : « On ne peut pas sortir de l'eau, on n'a rien sur nous ! ». Difficile d'imaginer une telle scène de nos jours, mais d'une certaine manière, cette époque était plus décontractée que la nôtre.

Lorsque j'étais à l'école primaire, les rayons de pantalons de mineur haute résistance furent dévalisés à 100 yens la paire (environ 4000 yens en monnaie d'aujourd'hui). Nos tiroirs débordaient de billets de cent yens. Lorsque de nouveaux billets furent émis dans le pays après la guerre, les retraits bancaires furent limités à 300 yens par mois et par ménage. Aussi gardions-nous de l'argent en espèces pour continuer d'assurer la fourniture en matériaux et autres dépenses courantes.

Un jour mon père se fit dérober une mallette pleine de nouveaux billets dans un train alors qu'il avait laissé celle-ci sans surveillance pour aller aux toilettes. Le voleur dut avoir un choc en en découvrant le contenu. Mon père fit également des dons d'argent à Oomoto pour soutenir la reconstruction des centres qui avaient tous été détruits lors des campagnes de répression d'État. Ce sont les revenus de ce matériau de tente qui ont jeté les bases de la future société Swany.

Les paroles du médium s'étaient réalisées –Tomio semblait alors établi et tout ce qu'il entreprenait était couronné de succès.

En 1950, sous le nouveau nom de « Miyoshi Textile Industries KK » et avec un capital augmenté de 1 000 000 de yens, mon père revint à son activité principale, la fabrication de gants. Il se rendit à Tokyo, Nagoya et Osaka pour développer la clientèle de son entreprise, et travailla dans l'usine avec ma mère pour donner l'exemple aux employés. Il consolida sa position dans l'industrie locale de la ganterie.

Plus tard, en 1969, mon père devint président de l'Association industrielle des gants du Japon, une organisation comptant 223 entreprises affiliées, et en 1972, il prit la présidence de la Chambre de commerce de Shirotori. Plus tard, il reçut l'Ordre du Trésor sacré, quatrième classe.

Ce que je dois à mon père

Mon père m'a beaucoup appris.

Alors que j'étais au collège, il délogea les clous d'une vieille caisse en bois et me demanda de les redresser. Je pris la poignée de clous tordus et, au lieu de les redresser, je les ai jetés dans le fossé et je suis sorti jouer. À mon retour, mon père me demanda ce que j'avais fait des clous. J'ai dit : « Je les ai tous redressés et mis dans la boîte », mais il me tendit une poignée de clous non redressés et me demanda sévèrement : « Qu'est-ce que c'est, alors ? ». Mon père mettait un point d'honneur à ne jamais rien gaspiller.

Mon travail consistait à remplir les caisses de gants emballés, à clouer les caisses et à les sangler avec une corde. Bien que petit, j'étais sûr de ma force et de ma dextérité, et aujourd'hui encore, je peux sangler une corde rapidement et fermement.

Un jour, à mon retour de l'école, mon père me demanda de l'aide pour emballer des gants dans des boîtes.

Je pris le couvercle d'une boîte en carton, mis les gants à l'intérieur de la boîte avant de remettre son couvercle. « Pas comme ça, bouge d'idiot, me réprimanda-t-il. Mets le premier couvercle de côté et utilise le couvercle de la boîte suivante ». Il devint évident pour moi que cette façon de faire multipliait l'efficacité par deux. Que ce soit pour la découpe, la finition ou autre, il nous inculqua l'importance de l'efficacité.

Parfois, j'accompagnais mon père dans sa visite aux clients. Il m'emmenait dans des endroits comme Osaka, Nagoya, et même Tokyo. Il avait coutume de dire : « Les ventes augmentent proportionnellement au temps passé à négocier ». Parfois, les réunions avec la clientèle duraient si longtemps que nous sautions le déjeuner, ce que le jeune garçon que j'étais trouvait parfois difficile.

Nous prenions le ferry de nuit de la ligne Katō-Osaka, et à six heures, nous prenions notre petit-déjeuner dans un des stands du terminal ferry à Tenpōzan, après quoi nous rendions visite à des marchands de cuir à Daikokuchō. À sept heures, nous frappions à la porte du magasin Miyamae, et le patron, qui prenait encore son petit-déjeuner, nous accueillait et nous commencions notre réunion. Puis, à huit heures, nous allions chez Nakamura Leather, où nous nous approvisionnions en cuir, après quoi nous allions négocier avec des clients du quartier de Senba. À la fin de la journée, nous prenions le ferry de nuit pour rentrer chez nous.

Mon père voyageait de nuit dans des endroits comme Kōriyama, Niigata et Kanazawa, passant parfois une semaine entière sans séjourner à l'hôtel, comme s'il s'agissait pour lui d'entrer dans le *livre Guinness des records*. Pour lui, être sur la route pendant deux nuits n'avait rien d'extraordinaire.

La bénédiction de ma mère

Cet enfant avait un problème.

À y regarder de plus près, sa jambe droite était lâche et il n'arrivait pas à tenir la station debout. Une forte fièvre sévit pendant des jours, sans aucun signe de baisse. La mère, paniquée, courut voir tous les médecins du coin.

Le diagnostic était « paralysie infantile ». Et il y aurait des séquelles.

Cet enfant, c'était moi, à l'âge de six mois.

En bas âge, j'étais en permanence accroché à ma mère, et après ma polio, je m'accrochais d'autant plus à elle. Ma mère courut les hôpitaux sur tout Shikoku et même à Osaka, avec moi sur son dos. Tantôt on me proposait de l'électrothérapie, tantôt on me prodiguait des massages.

Désespérant de voir la jambe de son garçon guérir, ma mère se tourna vers sa foi Oomoto. Jusqu'alors, elle s'était contentée de suivre le mouvement par sens du devoir envers mon père, mais ma polio ayant marqué un tournant, elle décida de se consacrer désormais à sa religion.

Toutes les qualités dont je dispose, je les dois entièrement à ma mère.

Elle avait une force intérieure et une ouverture aux autres et se liait d'amitié avec n'importe qui. D'une prévenance à toute épreuve, elle montrait une égale considération à tous mes amis. Et elle était généreuse. Si un ami ou un parent en visite manifestait de l'intérêt pour un objet sur une étagère, elle l'incitait sans hésiter à repartir avec.

Un jour, elle fit don de tout l'argent qu'elle avait sur elle à un démuni de Takamatsu et persuada le personnel de la gare de la laisser prendre le train pour Shirotori sans billet. À cause de sa générosité, mon père ne l'aurait pas laissée prendre son portefeuille. Ce qu'elle ne lui aurait d'ailleurs pas demandé.

Lors de ses visites mensuelles au centre d'Oomoto de Kyoto, elle empruntait un train lent depuis Uno afin d'économiser un peu d'argent. Cela lui libérait du temps, disait-elle, pour lire, à bord, les Écritures. L'argent économisé, elle le reversait à Oomoto.

Ma philosophie générale d'existence qui est de concentrer l'ensemble de ses forces dans la réalisation de son objectif, regarder la réalité toujours bien en face, et réévaluer sans cesse sa détermination, trouve son origine dans l'influence de ma mère.

Ma mère, qui jusque tard dans la nuit ne comptait pas ses heures au travail pour aider mon père – mais qui trouvait encore le temps de s'adonner à des pratiques telles que l'art floral et la cérémonie du thé pour enrichir et agrémenter l'existence, constituait pour moi un modèle de vie.

Si vous essayiez de la tromper, ou si vous trahissiez sa confiance, elle pouvait devenir intraitable. Elle attendait patiemment que vous réfléchissiez à vos actions.

Chaque fois que je me suis retrouvé face à un obstacle, c'est l'intégrité du mode de vie de ma mère qui m'a aidé à aller de l'avant.

Elle disait toujours ce qu'elle pensait, et ses remarques franches pouvaient être percutantes, ce qui pouvait parfois offenser certaines personnes, mais sa franchise lui valait la confiance de ceux qui l'entouraient.

Mon père n'a jamais fait de commentaire sur le comportement de ma mère. Il se contentait de l'observer avec un sourire bienveillant.

Au quotidien, mes parents étaient économes. Ils n'ont jamais utilisé la climatisation en été ou le chauffage central en hiver.

Satisfaits de leur simplicité, ils donnaient aux bonnes œuvres sans s'en vanter.

Oomoto

À ce stade, je dois donner une simple introduction aux enseignements d'Oomoto.

Hidemaru Deguchi (1897-1991), qui a synthétisé la vision du monde d'Oomoto en ces termes :

« Toutes les choses du Ciel et de la Terre sont liées et intégrées. Et elles sont toutes constamment en mouvement. Même si elles bougent, même si elles changent, elles sont toujours reliées, harmonisées et intégrées. Cette unité complexe et délicate n'est pas le fruit du hasard. Il doit y avoir une volonté d'unification supérieure à l'œuvre, et c'est cette volonté supérieure que nous appelons Dieu.

Nous ne pouvons pas voir Dieu, mais nous pouvons le sentir. Considère le monde invisible, le pouvoir invisible. Sois éveillé à ce qui nous crée et nous donne la vie. »

En 1892, Nao Deguchi (1837-1918), une femme vivant à Ayabe dans la province de Kyoto, entra soudainement en état de transe et commença à proférer une série de révélations. Elle protesta auprès de l'esprit qui la possédait, et celui-ci lui ordonna plutôt d'écrire. « Je suis analphabète », répliqua-t-elle, mais l'esprit lui répondit : « Tu n'écriras pas, c'est moi qui le ferai ». Nao a ensuite produit 200 000 pages d'écrits. Ces écrits, connus sous le nom d'*Ofudesaki*, devinrent les Écritures Oomoto, et Nao devint la fondatrice de la religion.

Sept ans plus tard, Kisaburō Ueda, un jeune homme originaire de Kameoka, également dans la préfecture de Kyoto, épousa la plus jeune fille de Nao, Sumiko, et changea plus tard son nom en Onisaburo Deguchi. À partir de ce moment-là, Nao et Onisaburo travaillèrent ensemble à la diffusion des enseignements de l'esprit et établirent les fondations d'Oomoto.

L'*Ofudesaki* contient les enseignements d'Oomoto sur des sujets allant de la cosmologie à la société, l'histoire, la politique, l'économie et la vie elle-même. Onisaburo reprit ces écrits et en fit le corpus Oomoto de manière à les rendre faciles d'accès. Onisaburo poursuivit des études spirituelles après avoir vécu sa propre expérience religieuse, ce qui a aidé la théologie d'Oomoto à prendre forme. Ayabe devint le centre rituel d'Oomoto, tandis que Kameoka devint le siège de l'enseignement et des activités missionnaires.

Oomoto fit l'acquisition du site du château de Kameyama à Kameoka en 1919. Ce château avait une longue histoire ; il avait été bâti par Akechi Mitsuhide, lequel avait tenté de devenir souverain du Japon au 16e siècle. La religion se développa rapidement dans l'entre-deux-guerres, attirant des militaires et des intellectuels avec sa doctrine de la « reconstruction », et eut une influence considérable en tant que mouvement de transformation de la société.

L'État commença à craindre Oomoto, le percevant comme une menace pour l'autorité de l'empereur et pour sa propre idéologie religieuse, et contraire à l'humeur belliqueuse de l'époque avec son message pacifiste. En 1921, puis en 1935, l'État interdit Oomoto pour de bon, en invoquant la loi contre le crime de lèse-majesté et la loi de préservation de la paix. Les sanctuaires des deux sites furent démolis à la dynamite, et les membres dirigeants furent emprisonnés. Des milliers de croyants furent arrêtés et seize d'entre eux perdirent la vie.

Après la défaite du Japon, les dirigeants furent blanchis des accusations de lèse-majesté et de violation de la loi de préservation de la paix, et l'innocence d'Oomoto fut établie. Les avocats exhortèrent Onisaburo à demander une compensation au gouvernement devant les tribunaux, mais Onisaburo renonça au droit de demander une indemnisation, faisant valoir que tout paiement de ce type se ferait aux dépens d'un peuple vaincu qui avait déjà suffisamment souffert. Cela signifie également que de nombreux faits relatifs à l'affaire ne seraient jamais révélés.

Sous le slogan « Un Dieu, un monde, une langue internationale », Oomoto fut actif dans la promotion du dialogue interreligieux, en formant des partenariats avec des taoïstes, des chrétiens, des musulmans et d'autres, le mouvement de la fédération mondiale, qui vise à établir un gouvernement mondial, et la popularisation de la langue auxiliaire internationale espéranto comme un outil facile et neutre de communication internationale.

L'objectif d'Oomoto pourrait se résumer au salut de l'humanité par une reconstruction du monde.

Mes parents rejoignent l'Oomoto

Mon père visita le siège d'Oomoto à l'âge de 17 ans, et entendit pour la première fois le cofondateur Onisaburo, alors âgé de 54 ans. Onisaburo jouissait déjà d'une solide réputation. Il était connu pour être un poète prolifique produisant des vers par centaines, pour être doué de pouvoirs psychiques et pour être un activiste dynamique. On le qualifiait tour à tour de « grand prophète », de « monstre » et d'« aventurier ». On ne trouvait pas cependant chez Onisaburo la moindre trace d'emphase, et mon père fut séduit par son attrait pour les gens ordinaires. D'après mon père, Onisaburo, lorsqu'il parlait du monde spirituel et de la réalité de la vie éternelle, rendait comme sensible la présence d'une grande lumière qui illuminait son avenir et lui donnait la sensation d'être rempli d'une puissance spirituelle telle qu'il n'en avait jamais fait l'expérience auparavant.

Mon père, qui avait subi des épreuves et des humiliations, se trouva ébranlé en son âme par l'enseignement d'Onisaburo qui portait sur la transformation d'un monde régi par le pouvoir de l'argent. Il devint membre sur le champ et décida de vivre modestement, sans recherche de richesse matérielle ou de positions sociale, et de diffuser les enseignements d'Oomoto.

En 1958, mon père devint le chef de la branche Shirotori d'Oomoto, et en 1958, il prit la tête du bureau régional de Shirotori. À partir de 1964, il prit la direction du siège de la préfecture de Kagawa pendant 12 ans. Il fut aussi membre du conseil des députés d'Oomoto pendant 26 ans.

Ma mère, suivant l'enseignement d'Oomoto selon lequel « l'art est la mère de la religion », pratiquait la poésie japonaise, la calligraphie, la peinture, la cérémonie du thé et l'art floral, et jouait de la cithare à deux cordes, le yakumogoto. Elle se dédiait à toutes ces activités, sans jamais paraître fatiguée par le travail. Elle a également tenu un journal presque toute sa vie.

En 1952, elle devint leader de l'Association des femmes d'Oomoto Shirotori. En 1961, elle devint présidente de la Fédération d'Oomoto Kagawa, et en 1965, présidente du Conseil de liaison des femmes d'Oomoto Shikoku. En dehors d'Oomoto, elle devint directrice du Centre Shirotori pour les femmes actives en 1971. En 1982, elle devint la première présidente de l'Association des femmes d'Oomoto nouvellement réorganisée, et à ce titre, elle voyagea dans tout le pays pour donner des conférences. De 1983 à 1988, elle siégea au Conseil général d'Oomoto et, à partir de 1986, elle fut présidente des Amis de l'espéranto d'Oomoto.

Lutte contre le handicap

Malgré les efforts désespérés de ma mère, la polio laissa ma jambe handicapée.

Même si, heureusement, je pouvais marcher sans aide, ma jambe droite resterait chétive et mal développée. Un combat contre cette maladie avait commencé. Un combat qui durerait toute ma vie. Sans cette maladie cependant ni mon entreprise ni moi-même ne serions devenus ce que nous sommes aujourd'hui.

Jusqu'aux premières années de l'école primaire, ma mère Shimeko m'accompagnait régulièrement à l'hôpital universitaire d'Osaka. Dans les années 1930, les moyens de transport étaient moins développés qu'aujourd'hui. Pour atteindre Osaka, nous devions d'abord emprunter la ligne de ferry Uno-Takamatsu qui assurait la jonction avec l'île principale. Une fois à Uno, les passagers couraient pour attraper le train d'Okayama. La bousculade qui s'ensuivait nous laissait souvent derrière. À Okayama, nous changions pour prendre la ligne San'yō et ses quatre heures de voyage vers Osaka, que je passai agenouillé sur des journaux étalés sur le sol.

À l'hôpital, on me faisait marcher dans un couloir bondé vêtu de mon seul short. Tous les autres patients m'épiaient. Je voulais cacher ma jambe droite atrophiée, pas la montrer à tout le monde ! J'implorais en silence que ma mère vienne me tirer de là.

Au début de l'école primaire, je devais marcher environ 250 mètres de ma maison à l'école, et je n'arrivais pas à suivre mes camarades de classe. Parfois, je laissais ma mère me porter sur son dos, même si je pouvais marcher en fournissant un effort. Dans mon for intérieur, j'aspirais simplement à marcher, sauter et jouer, avec mes propres jambes.

Ce fut un vrai choc pour moi lorsque certains de mes camarades de classe me montrèrent du doigt et se moquèrent de moi. Ce soir-là, je me couchai en pleurant et je mis des heures à trouver le sommeil. J'avais tellement honte de ma mauvaise jambe que j'ai peu à peu cessé de marcher. Le développement de ma jambe et de ma hanche s'en trouva ainsi entravé au cours de ma croissance.

En conséquence, tandis que mes frères et sœurs dépassaient tous le mètre soixante-dix, je ne mesurais que 160 centimètres.

Je me vengeai des moqueries de mes camarades de classe en trempant leurs cahiers dans l'eau.

Kenzō Abe, mon maître de classe en cinquième et sixième années d'école primaire, réprimandait mes camarades. Il les encourageait à me venir en aide. Et lui-même n'hésitait pas à porter mon sac lors de nos excursions. M. Abe prenait toujours ma défense. Il était mon seul et unique soutien.

Le fait d'avoir dû supporter tout cela pendant mon enfance semble m'avoir conduit à développer une force intérieure qui me permit d'affronter l'adversité plus tard dans la vie. Malgré des échecs répétés, je ne me suis vraiment jamais senti souffrir. Sauf une fois, où mon cœur fut brisé.

Rejet et disparition

J'ai vécu la plus grande épreuve de ma vie au cours de ma jeunesse. À 22 ans, rejeté par la fille dont j'étais amoureux depuis le lycée, je sombrai dans un abîme de désespoir.

Convaincu que la raison était mon handicap, je perdis le goût de vivre.

Tôt un matin de mars, je montai sur mon scooter et je partis avec l'intention de me noyer dans la mer. À Naruto, je pris le ferry pour l'île d'Awaji. Je roulai jusqu'au nord de l'île et je pris le ferry pour Akashi sur l'île principale. Sans m'en rendre compte, mes mains me guidaient vers la maison de mon frère aîné Yoriaki à Tokyo. Oui, je vais aller dire à mon frère que je veux m'échapper de ce monde, pensai-je, et je continuai à rouler.

À l'époque, la route nationale 1, la principale artère, était juste assez large pour que deux véhicules puissent se croiser, et il y avait peu de place pour les deux-roues. Alors que je roulais à environ 20 km/h, des centaines,

L'auteur sur son scooter

voire des milliers, de poids lourds rugissaient en me dépassant à quelques centimètres seulement. Je roulai, dépassant Kyoto, passant le lac Hamana et traversant la rivière Tenryū. Avec un froid glacial, je continuai à avancer, comme si j'étais possédé. Je me reposais fréquemment sur le bord de la route, mais le froid nocturne me tuait. J'arrêtai mon scooter pour me remuer un peu. Je tapai des pieds et je me frottai les mains pour tenter de me réchauffer. Alors que j'approchais du col de Hakone, la pente ascendante sembla s'éterniser et mon moral sombra à nouveau.

Je m'arrêtai à un stand de nouilles. Le chauffeur du camion à côté de moi me dévisagea et il me dit : « Vous n'avez pas l'air bien. Vous allez jusqu'où comme ça ? » « Tokyo », lui répondis-je. C'est trop dangereux. Je vais vous emmener », dit-il, et il prit mon scooter et le jeta à l'arrière d'un camion frappé sur le côté des inscriptions « Seino Transportation ». Je grimpai sur le siège chauffé du passager et je m'assoupis rapidement.

Plus tard, c'est mon frère aîné Hajime qui se rendit au siège de la société Seino Transportation pour essayer de trouver et de remercier l'homme qui, il en était sûr, m'avait sauvé la vie. Mais personne ne se manifesta, sans doute parce qu'il était interdit aux chauffeurs de prendre des passagers.

Quoi qu'il en soit, grâce au chauffeur du camion, j'arrivai jusqu'à Tokyo, mais je ne connaissais pas l'adresse de mon frère et je roulai sans savoir où le chercher. C'est la première fois que je réalisai à quel point Tokyo est immense. Puis me revint le fait qu'il vivait quelque part près de l'Université métropolitaine de Tokyo, à Meguro. En tournant dans le quartier de l'université, je tombai sur Kazuko, la femme de mon frère, qui était partie à ma rencontre. Elle m'accompagna chez eux, puis mon frère, qui était également parti à ma recherche, rentra. « C'est gentil d'avoir fait le chemin jusqu'ici depuis Shikoku ! » dit-il, l'air consterné.

Mon chagrin d'être rejeté par la fille dont j'étais amoureux depuis cinq ans explosa tout à coup.

J'ai pleuré et gémi pendant environ une heure. C'était la première fois que je laissais quelqu'un me voir en sanglots. À la maison, dans l'angoisse causée par ma disparition, la nouvelle que j'étais à Tokyo arriva par téléphone, et mon père vint directement. Il fit de son mieux pour me consoler, en me rapatriant à Osaka par avion (je n'avais jamais pris l'avion auparavant), puis en m'accompagnant à la station thermale de Sakakibara, à Ise, où il avait prévu que nous retrouverions ma mère. Nous y passâmes la nuit et je leur dis, en larmes, mon désir de rejoindre le monde des esprits où je n'aurais pas ce corps misérable.

Je me souviens encore aujourd'hui de l'inquiétude de mes parents et du visage hagard de ma mère.

En y repensant, je me rends compte de la chance qui fut la mienne de bénéficier du soutien affectueux de ma famille et d'avoir maintenant ma propre famille, avec ma femme, mes trois filles et mes quatre petits-enfants.

Ma mission

À la source thermale de Sakakibara, mes parents me suggérèrent de suivre un cours de formation spirituelle à l'Oomoto. « Tu n'as rien à perdre » dirent-ils.

Ma maison était un lieu de rencontre pour les adeptes de l'Oomoto ; on eût dit qu'il y avait toujours des réunions en cours, mais je ne me suis jamais joint à aucune d'entre elles. J'étais très sceptique à l'égard de la religion, estimant qu'elle exerçait une influence négative sur la vie des gens, qu'elle exploitait leur foi à des fins lucratives, qu'elle restreignait leur liberté par des commandements stricts et qu'elle déclenchait même des guerres.

Mais à ce moment-là, alors que je venais de me heurter au plus grand obstacle de ma vie, perdant même l'espoir de vivre, la proposition d'Oomoto s'est avérée être un tournant dans mon attitude envers la religion.

Je visitai le centre d'Oomoto à Kameoka, sur la ligne ferroviaire qui part de Kyoto vers l'ouest. On pouvait voir, depuis la gare, le terrain luxuriant et boisé qui s'étendait à perte de vue. En entrant, je me suis dirigé vers le sanctuaire principal coiffé de son toit en tuiles. Cet édifice se trouve sur le site du château de Kameyama, datant du 16e siècle, célèbre pour être la forteresse d'Akechi Mitsuhide, qui avait renversé le souverain japonais, Oda Nobunaga.

Dans cet écrin de verdure aux arbres luxuriants et matures, loin du monde extérieur, je passai 43 jours à me former. Lever chaque matin à cinq heures, nettoyer les toilettes, prier, écouter les conférences... tout faire avec dévotion. Dans ce cadre nettoyer les toilettes n'était même plus une corvée. J'avais la sensation, durant cette période, de me révéler à moi-même en présence d'une grande puissance invisible. Suspendant mon incrédulité, j'absorbais tout avec une attitude d'humilité.

Le soir, je lisais la série de livres *Notes on Faith* de Hidemaru Deguchi. J'ai été frappé par l'autorité de ses paroles, et profondément ému.

« Chaque être humain est né dans ce monde avec une mission importante qu'il est le seul à pouvoir accomplir. »

En entendant ces mots, je fus ému aux larmes, et je me sentis trembler. Comme j'ai été insensé de penser à mourir. J'avais eu tort.

Je me suis dit : « Oui, à partir de maintenant, je vais faire de l'entreprise de mon père l'une des meilleures du monde ! »

Je sentis monter en moi le courage de vivre pleinement ma vie. Les mots de Hidemaru : « La positivité est le paradis, la négativité est l'enfer » sont devenus la devise de ma vie.

C'est Hidemaru qui a attiré l'attention d'Oomoto sur l'espéranto. Étudiant à l'université de Kyoto, ce dernier vit passer une annonce dans un journal concernant un cours d'espéranto à l'université de Doshisha voisine et il l'a transmis à Onisaburo. Cela conduisit à la fondation du « groupe d'étude de l'espéranto d'Oomoto » (aujourd'hui la « Société pour la popularisation de l'espéranto ») en 1923.

Un livre d'extraits de *Notes sur la foi* a été publié en 1966 sous le titre *En quête de sens* et est devenu un best-seller. J'ai dû lire mon exemplaire des centaines de fois, jusqu'à ce qu'il tombe en morceaux.

Rejet et trésor

Mes parents commencèrent à chercher une partenaire pour moi.

Ils organisèrent une rencontre avec une jeune femme qui travaillait au centre d'Oomoto. Elle était de taille moyenne et rayonnait de grâce et de générosité. Mais cette rencontre fut sans suite.

Je n'étais pas découragé. Je me disais : « Ce n'est pas grave, il y a plein d'autres poissons dans la mer ». Environ six mois plus tard, je commençai à fréquenter une fille du coin, facile à vivre et pas trop grande. Cela ne marcha pas non plus.

Une autre rencontre fut organisée, cette fois, avec la fille d'un adepte d'Oomoto de Shizuoka. Je voyageai dans des trains lents et cahoteux via Okayama et Nagoya, traversant la rivière Tenryū, que j'avais déjà traversée auparavant sur mon scooter, pour finalement descendre à la gare de

Shizuoka et me rendre chez elle. Je me souviens d'elle comme une jeune femme longiligne, à l'apparence plutôt délicate. Je n'étais pas particulièrement attiré par elle, et de toute façon, le temps que je rentre chez moi, un télégramme était déjà arrivé m'éconduisant.

Ce dont je me souviens le plus de ce voyage, c'est la vue impressionnante du mont Fuji sur le chemin du retour et le fait d'avoir pensé que cette montagne était un trésor du monde, la fierté du Japon.

Mes grands-parents, eux aussi, s'inquiétaient de mon mariage. Ils avaient des vues sur une fille se nommant Yoshiko Kamada, qui était la petite-fille de la petite sœur de ma grand-mère. Il semble qu'ils aient fait des démarches en ce sens.

Mon grand-père Senzō, qui l'avait rencontrée quatre fois, jugea qu'elle était une jeune femme honnête. Il la fit donc venir pour travailler dans le cabinet de mon père, et elle et moi sommes devenus collègues chez Swany.

Yoshiko était la cinquième fille d'Eikichi et Hideno Kamada, fermiers à Nyūnoyama dans le village de Fukue, non loin de notre domicile. C'était une charmante jeune fille qui mesurait 1 mètre 55, élancée, de trois ans ma cadette, qui était allée au collège de Fukue. Apparemment, elle savait tout de mes péripéties.

Mes grands-parents nous encourageaient à passer du temps ensemble, nous invitant chez eux à manger des spécialités pour les fêtes ou sous un autre prétexte.

L'auteur avec son épouse Yoshiko Kamada, 1963

Yoshiko devint assez vite habile en couture, et commença à m'accompagner pour faire la tournée des sous-traitants. Elle était efficace pour compter les pièces, les charger dans le camion et traiter avec les sous-traitants. Son seul défaut était qu'elle pouvait parfois sembler légèrement distante.

Un jour, mes grands-parents me demandèrent : « Que penses-tu de Yoshiko ? » « C'est une gentille fille », répondis-je honnêtement. « Alors, dis-lui toi-même », dit mon grand-père.

« Dis-lui que tu la rendras heureuse même si tu as une mauvaise jambe. Vas-y, convaincs-la. »

Son insistance me fit réaliser à quel point j'étais terrifié par l'échec. Bien qu'ayant moi-même suivi une formation spirituelle et que je pensai en être sorti changé, je ne m'étais toujours pas remis du traumatisme de mon premier chagrin d'amour. C'est pourquoi toutes les rencontres faites jusqu'alors n'avaient abouti à rien. Aujourd'hui encore, je suis ému de penser à la façon dont mes grands-parents ont reconnu ma vulnérabilité et m'ont encouragé.

Un soir, j'invitai Yoshiko à la plage et je m'allongeai à côté d'elle. Je ne fus peut-être pas à la hauteur des plus grands séducteurs, mais, aidé par la pénombre de la nuit, je réussis à dire ce que mon grand-père m'avait suggéré.

Je tins sa main et je ne sentis aucune résistance. Notre premier baiser maladroit m'enivra.

Nous sommes maintenant ensemble depuis plus de cinquante ans. Tout ce que je peux dire à ma femme, c'est « Merci ».

3. Trouver de nouveaux marchés

L'industrie du gant de Kagawa

Kagawa est l'une des quatre préfectures de l'île de Shikoku, mais elle n'occupe qu'un dixième de sa superficie – moins de 2 000 km². Une population d'environ un million de personnes se concentre dans cette zone. La plupart d'entre elles travaillent à la fabrication des divers produits locaux, parmi lesquels le coton, le sucre, le sel, le riz, les gants, la laque, la sauce soja et les éventails. Ces dernières années, de nouvelles spécialités telles que le « bœuf mariné aux olives » et la « limande à queue jaune marinée aux olives » sont devenues célèbres.

La fabrication de gants à Kagawa remonte à un certain Futago Shunrei, qui était le prêtre du temple bouddhiste Senkōji dans le village de Fukue. Il quitta son temple et retourna à la vie laïque au tournant du 20e siècle et apprit la ganterie à Osaka. Son apprenti et successeur Tatsukichi Tanatsugu revint à Kagawa en 1900 et fonda une entreprise appelée Sekizen Shōkai. Il s'agissait de la première fabrique de gants de la région.

L'industrie locale se développa lorsque de grosses commandes arrivèrent en provenance de Grande-Bretagne pendant la Première Guerre mondiale, et Shirotori se développa en « ville du gant ». L'industrie s'étendit aux villes voisines de Hiketa et Ōchi, et deux entreprises en particulier, Osaka Gloves et Tōyō Gloves, s'établirent dans la région. 730 000 douzaines de paires de gants furent produites à la fin de la guerre en 1918.

L'ascension de la ganterie au rang d'industrie locale de premier plan fut portée par la dextérité et l'habileté des ouvrières dans les domaines de la coupe, de la décoration, de la couture et de la finition.

En 1950, l'empereur Showa visita Shirotori lors d'une tournée de Shikoku, et un « festival du gant » annuel fut inauguré pour commémorer l'évènement. Les exportations repartirent à la hausse et la ville retrouva la prospérité des années d'avant-guerre. La situation se détériora à la suite du « choc Nixon » : les mesures anti-inflationnistes annoncées en 1971 par le président américain Richard Nixon et la dépréciation consécutive du dollar américain à 200 yens minèrent la compétitivité de l'industrie, tandis que la hausse du coût de la main-d'œuvre aggrava la situation.

La fabrication de gants étant par nécessité une industrie exigeante en main-d'œuvre, de nombreuses entreprises réagirent en transférant leur production à l'étranger et, en 2008, 78 entreprises affiliées à l'Association industrielle des gants du Japon, soit environ 80 %, étaient établies dans des pays tels que la Chine, le Vietnam et l'Indonésie. Mais le nombre d'entreprises chuta depuis à moins de 70, tandis que leur chiffre d'affaires annuel combiné est passé de 66 milliards de yens en 1991 à seulement 35 milliards de yens au moment de la rédaction du présent rapport.

En plus d'être un secteur à forte densité de main-d'œuvre, l'industrie du gant doit par ailleurs composer avec le fait que son produit de base est un produit saisonnier que les gens n'achètent que pendant les mois d'hiver, même si l'on tient compte de la vaste gamme de produits spécialisés tels que les gants de ski, les gants de protection solaire, les gants marins, les gants de baseball, les gants de mariage, etc. Certaines entreprises cherchèrent de nouvelles dynamiques à travers une série de produits tels que les portefeuilles en cuir et les sacs de luxe et créèrent ainsi une identité de marque dans ces domaines.

Comment Swany, mon entreprise, affronta ce défi ?

La naissance de Swany

Après avoir commencé à exporter, trouver un nom pour notre entreprise ne fut pas sans peine. Nous n'arrivions pas à amener les gens, à l'étranger, à prononcer correctement l'ancien nom « Miyoshi Textiles », il s'agissait toujours de « My-yo-shee » (qui devrait être « Mee-yo-shee »). Nous jugeâmes dès lors que notre marque n'était pas suffisamment identifiable.

En 1968, nous annoncions un concours au sein de l'entreprise, avec un prix pour le gagnant, qui fit émerger 150 idées pour le nouveau nom. L'idée gagnante vint d'un membre de longue date de l'entreprise, Hatsuo Matsumura. Son idée de nouveau nom, « Swany », provenait du nom de la ville de Shirotori (qui signifie littéralement « oiseau blanc » ou « cygne »). En consultant l'annuaire téléphonique de New York, il trouva de nombreux Swanees (comme dans « Swanee River »), mais aucun Swany. Comme « Sony », « Sunny » (la voiture Nissan) et « Suntory » (le whisky), ce nom est d'une prononciation aisée et il sonne bien.

L'entreprise commença à pénétrer les marchés étrangers en 1959 lorsqu'elle se mit à exporter par l'intermédiaire d'une société de courtage en exportation à Kobe. Mon premier voyage à l'étranger en tant que directeur exécutif senior eut lieu cinq ans plus tard, en 1964. À la même époque, la société déménagea ses locaux, depuis notre maison vers le bord de la mer, sur un site jouxtant la ligne ferroviaire Takamatsu-Tokushima. Ainsi commença-t-elle à se développer rapidement.

Je reviendrai plus tard en détail sur ces développements, mais voici un aperçu du cours de l'histoire de Swany.

1968-70 : Swany Ikeda, Swany Tokushima et Swany Kōchi sont établis, avec un effectif de production de 200 personnes.

1972-78 : Swany Korea, Swany Orient et Swany Asia sont établis en Corée, avec un effectif de1 200 personnes produisant des gants de toutes sortes.

1980 : Swany America s'installe à New York et vend ses produits aux détaillants.

1984-89 : Swany China, Swany Great Wall, Swany Glove et Swany Taicang sont établis dans trois villes de la région de Shanghai, avec une force de production de 1 500.

1989 : Les gants de ski de la marque Swany sont mis en vente aux États-Unis, atteignant un chiffre d'affaires annuel d'un milliard de yens. À partir de 2012, les ventes sont les plus élevées aux États-Unis pendant sept années consécutives.

1997 : Le sac de soutien corporel « Swany Bag » est lancé et devint un produit à succès avec 110 000 ventes annuelles.

2012 : Swany Cambodia s'installe au Cambodge avec environ 300 employés, mais peine à rester rentable.

2014 : Lancement du plus petit fauteuil roulant pliant du monde, le « Swany Mini » sur le marché, avec environ 1 000 exemplaires vendus chaque année. En 2020, Swany Mini fait son apparition sur le marché de la location, beaucoup plus important, 10 fois la taille du marché de la vente. Obtention des brevets japonais, chinois et américains.

2018 : Les gants de ski Swany sont lancés sur le marché japonais. Sur le marché des gants de ville, la marque Elmer est établie.

Une stratégie révolutionnaire de réduction des coûts

Avoir été battu sur les prix me décida de travailler à la réduction des coûts. Pour la découpe des gants en cuir, nous commencions par placer une plaque de verre carrée de 28 centimètres de côté sur une feuille de cuir et nous réalisions des découpes circulaires au moyen d'un cutter. Ensuite, nous placions une matrice sur ce carré et découpions la forme du gant, ou « tronc », à l'aide d'un dispositif de découpe sous pression. En découpant directement le tronc à l'aide de la matrice, sans avoir à couper d'abord autour de la plaque de verre, je parvins à réduire la perte de cuir, qui représentait 60 % du coût, de 2 %, soit la différence de taille entre la matrice et la plaque. Cette rationalisation du processus de découpe permit également d'augmenter la vitesse, et c'est pour finir toute l'industrie qui finit par adopter la même méthode.

La clé du succès réside dans la technique de découpe des fourchettes, les étroites bandes reliant l'avant et l'arrière des doigts, dans le cuir restant après la découpe du tronc. Douze fourchettes sont nécessaires pour la confection d'une paire de gants. En usant d'inventivité, il fut possible d'obtenir trois fourchettes à partir d'un morceau de cuir usagé qui n'en avait donné que deux, ou d'en obtenir deux à partir d'un autre morceau qui n'en avait donné qu'une. Au total, nous obtenions ainsi une augmentation de 30 à 40 % des fourchettes. Ce qui représentait un bénéfice supplémentaire significatif d'environ 3 % sur un bénéfice net moyen pour l'industrie de 4-5 %.

La première fois que je me retrouvai impliqué dans le processus de fabrication des gants, nous avions neuf machines de découpe, grandes et petites. Elles étaient fixées au sol en béton et reliées au moteur par une courroie. La courroie rotative était dangereuse, aussi ai-je fait fixer le moteur sur la partie supérieure de la machine à découper en reliant celle-ci directement au moyen d'une courroie trapézoïdale. Isamu Nakagawa, le directeur de Nakagawa Iron Works, qui œuvra à entreprendre la conversion pour nous, apprécia mon idée ; les machines pouvaient être utilisées en toute sécurité dès que le courant était branché, et toutes les machines furent dès lors reconfigurées selon ma méthode.

Nous améliorâmes le processus de finition. Nous avions l'habitude de tendre les gants au-dessus d'une plaque de cuivre en forme de gant chauffée au gaz et d'étirer le cuir de manière à ce que les doigts soient bien droits. Ensuite, en prenant deux paires à la fois, nous étalions les gants sur du carton sur quelques dizaines de couches d'épaisseur et les recouvrions d'un bloc de béton, et nous les laissions ainsi jusqu'au lendemain matin. Cette manière de faire n'était toutefois pas sans risque : il arrivait parfois que tout se renverse.

J'ai créé un banc de finition à pédale, avec un poids en métal coulé de 70 kg, que l'on soulevait d'environ 3 cm en appuyant sur la pédale afin de pouvoir insérer les gants soigneusement redressés dans l'espace. De la taille d'une table de machine à coudre et fabriqué en acier, il comportait quatre poids actionnés par une pédale. J'étais satisfait de cette invention où il semblait que quelque chose filtrait de mon sens esthétique et de mon amour des machines.

À partir de ce moment-là, mon père décida de prendre personnellement en main la relation client, me laissant la responsabilité du contrôle des coûts. Mon père devait être satisfait de mes performances, car l'on commençait à l'entendre dire des choses comme « Si c'est l'idée d'Etsuo, ça doit être bien ».

Cinq ans après avoir commencé à travailler pour l'entreprise, je fus promu au poste de directeur exécutif senior. Plus je m'appliquais à résoudre les problèmes, plus nos coûts diminuaient et plus la vente de gants augmentait. J'aimais mon travail.

Le monde trouble de l'exportation

L'hiver 1958, l'année où je rejoignis l'entreprise, fut particulièrement doux, et les gants se vendirent mal. Nous licenciâmes tout notre personnel en janvier, et pendant trois mois, toute l'industrie vécut des allocations chômage, jusqu'à ce que l'ensemble de la main-d'œuvre ne revienne en avril.

Pour tenter de surmonter cette situation difficile, mes parents commencèrent à vendre dans la rue et, pendant environ un mois, ils parcoururent Osaka, Kobe et Okayama, se tenant aux coins des rues venteuses en criant « Gants ! Des gants ! Quelqu'un a-t-il besoin de gants ? »

Mon père se rendait tous les jours à Kobe pour tenter de réaliser une percée sur le marché étranger. Il réussit à entrer chez Strong, une société de courtage à l'exportation, où il dut concéder à contrecœur un ajout de 2 % de dessous-de-table au chef de section concerné. Notre première commande concernait des gants en peau de vache doublés en fourrure de lapin et doublés de laine.

Comme Strong n'était pas le fabricant, il ne pouvait pas répondre aux demandes des acheteurs étrangers, et je devais donc assister aux réunions, en dépit de mon jeune âge et de mon inexpérience.

Sur la base du prix estimé en yens d'une douzaine de paires, je calculai le prix avec une marge de 30 % plus 5 % comme commission de Strong et je divisai le tout par 360 yens pour obtenir le prix d'expédition en dollars. J'appris également à dire « FOB Kobe » pour signifier la probité de notre engagement vis-à-vis du contrôle marchandise.

Un jour, un acheteur me demanda, en anglais, cette question toute simple : « What do you think ? ». Devant mon hésitation, il insista : « Quelle est votre opinion ? » Je répondis, non sans quelque audace : « Le brun est meilleur que le noir ». Le client me fit alors l'éloge de ma sagacité. Je ne me sentais plus toucher terre. J'étais mûr pour les déjeuners d'affaires ! Il m'arrivait même de suivre les clients dans des bars et des cabarets.

Lors des réunions, je remarquai que les acheteurs attendaient avec impatience que je calcule le prix de vente. Après mûre réflexion, je conçus un indice de calcul qui intégrait le coût des matériaux de la face et de la doublure, de la main-d'œuvre et de l'emballage, ainsi que notre marge de 30 % et les 5 % de Strong. Je m'aidai en cela d'un boulier pour les additions et d'une règle à calcul pour les multiplications. Je pus ainsi convertir à la demande notre coût en prix de vente en dollars.

Si notre marge ajoutée au coût de production était de 30 %, l'indice converti à 1 \$=360 ¥ serait de 430 % ; si la marge était de 31 %, l'indice était de 435 % ; et si la marge était de 32 %, l'indice était de 440 %. Attentif à l'expression du visage des acheteurs, je faisais varier le taux de marge de haut en bas et notais leur réaction. Au bon moment, je les pressais en leur disant : « C'est le bon moment pour acheter ». C'est ainsi que j'obtins des commandes de 800 ou 1 000 douzaines de paires les unes après les autres.

Une fois que j'obtenais un résultat, je passais au modèle suivant. Les petites blagues fusaient et je leur demandais combien de modèles ils prévoyaient d'acheter, en essayant d'obtenir un contrat aussi important que possible.

Lorsque les acheteurs venaient en visite, les gens des entreprises rivales étaient présents dans le bureau de Strong, avec des échantillons. Parfois, je devais ferrailler pour éviter que la concurrence ne bombarde le responsable de section en dessous de table.

Le jour d'une réunion avec Milton Schwartz, PDG de la société Avon Glove Corporation de New York, ce ne sont pas moins que quatre entreprises qui financèrent la soirée. Après le dîner, nous accompagnâmes Le PDG dans un cabaret. Il y avait parmi nous une femme qui parlait bien l'anglais.

Milton Schwartz de Avon Glove (à droite)
avec M. Brown, directeur de Strong, 1960

Milton tomba sous le charme de cette femme au teint clair, au visage fin et à l'anglais courant. Le fait de savoir qu'elle avait été payée par les quatre entreprises me mit plutôt mal à l'aise. Je n'ai aucun souvenir de la manière dont les dessous-de-table du chef de section ou les dépenses non remboursées furent finalement comptabilisées. Je me surprends encore parfois aujourd'hui à vouloir demander à mon père s'il n'y avait pas une façon un peu plus honorable de faire des affaires, mais il n'est plus là pour répondre...

Tour du monde des affaires

En 1964, l'année des Jeux olympiques de Tokyo, les restrictions sur les voyages à l'étranger furent levées, et j'allai à l'étranger pour la première fois. Le maximum de 500 dollars en devises étrangères que nous étions autorisés à sortir du pays ne couvrait pas les frais d'interprétariat. Je fis ainsi des voyages quotidiens à la succursale de Takamatsu de la Banque du Japon pour obtenir 2 000 dollars. Avec mon billet d'avion pour le tour du monde, qui coûtait environ 700 000 yens, je décollai de l'aéroport de Haneda à Tokyo, j'étais une vraie boule de nerfs.

Le lendemain matin, après mon arrivée à New York, je me rendis dans un café situé à côté de l'hôtel Prince George, où j'étais descendu. J'y commandai du lait chaud, des toasts et du thé au citron ». Le serveur ne sembla pas comprendre un mot de ce que je demandais. Je répétai alors encore et encore, cramoisi de honte. Un étudiant japonais fit alors irruption et, constatant mes difficultés avec la langue, corrigea mon anglais japonais pour moi : « lait *chaud*, *thé au citron* ». Cet épisode me mit littéralement en sueur.

Au sommet de l'Empire State Building, 1964

Je me rendis à l'imposant bâtiment de la Chambre de commerce en compagnie de mon interprète, que j'avais engagé par l'intermédiaire de l'agence de voyages pour 25 dollars par jour. Là, un énorme homme d'âge moyen au teint rougeaud chercha pour moi des entreprises de gants, me laissant en possession d'une liste d'environ 30 entreprises avec leurs coordonnées téléphoniques. La courtoisie avec laquelle il m'aida me fit forte impression, moi qui n'étais qu'un parfait étranger fraîchement débarqué du Japon.

J'appelai d'abord la NY Merchandise Company depuis un téléphone public. Au début, ils me dirent qu'ils n'étaient pas intéressés par l'importation. Ils ne vendaient qu'en petites quantités, mais mon interprète insista : « Nous ne prendrons que cinq minutes de votre temps ». Nous rencontrâmes le patron, un petit homme affable d'un abord fort sympathique, mais qui ne fit que jeter un vague coup d'œil à mes échantillons et qui ne démontra pas le moindre enthousiasme pour ces derniers. Nous sortîmes de là en dix minutes à peine.

J'essuyai un nouveau refus à l'entreprise suivante. Nous nous tournâmes vers la troisième entreprise de notre liste, Gelmart, qui vend des gants en laine. Là aussi, on me dit : « Les gants en cuir ne nous intéressent pas ». Mais sitôt que je leur mis des échantillons sous les yeux, ils me demandèrent : « Pourquoi ne les emmenez-vous pas à l'IBC ? ». Ils notèrent gentiment l'adresse de l'entreprise et le nom du PDG à mon intention. Hélas, le PDG était en déplacement. Aussi pris-je simplement note de l'entreprise pour une éventuelle future visite.

Je me battis pour obtenir un rendez-vous dans la quatrième entreprise. Pour finalement apprendre qu'elle ne vendait que des gants de travail… En neuf jours, j'avais démarché une trentaine d'entreprises, et je n'avais pu rencontrer que moins d'un tiers d'entre elles. La plupart vendaient des gants de travail ou des gants en laine. Mais c'était les seules qui étaient identifiées dans l'annuaire des entreprises. J'étais donc impuissant. Parmi les sociétés qui m'avaient reçu, seule NY Merchandise finirait par ouvrir un compte chez nous quelques années plus tard.

Dépité par la piètre moisson de mes efforts à New York, je partis pour l'Allemagne, sur un vol Pan Am à destination de Hambourg. À bord, j'étais le seul passager japonais. Je pris la direction des toilettes et, n'ayant pu remarquer que le verrou était cassé, je fis ouvrir la porte en la touchant. Une voix de femme en colère filtra alors de l'intérieur. Une voix protestant, à mon grand embarras : « Mais enfin, que faites-vous ? ».

À l'hôtel Atlantic, sur les rives du lac Alster, incapable de lire les noms allemands ou anglais des plats du menu, j'en pointai la première ligne et l'on m'apporta une soupe de légumes. J'essayai ensuite le deuxième plat, et, cette fois, on m'apporta un bouillon. Pensant que c'était l'heure du plat principal, je tentai de montrer le dernier plat, ce à quoi on m'objecta que c'était le nom du restaurant.

Ce soir-là, je me couchai, m'inquiétant de savoir si j'allais pouvoir trouver un interprète le lendemain, m'inquiétant même de savoir si je pourrais rentrer un jour au Japon. Et pour couronner le tout, le décalage horaire me tint éveillé toute la nuit. Le matin, j'étais en larmes.

À Hambourg, je me rendis à la Chambre de commerce avec mon interprète, un ancien employé d'une société commerciale. Muni d'une liste d'une dizaine d'entreprises susceptibles d'être actives dans le secteur des gants, je passai les deux jours suivants à leur rendre visite, mais aucune ne se montra intéressée par l'importation de gants.

Près de l'hôtel, je m'avisai d'un panneau portant le nom « Kogetsu » en caractères japonais. Il s'agissait d'un restaurant japonais, très rare à l'époque. Avec beaucoup d'enthousiasme, je m'y installai pour déguster un repas de sashimi. Sur l'étagère, il y avait une rangée de livres japonais, comme le roman de samouraï *Musashi* d'Eiji Yoshikawa, et les autres clients les lisaient avec attention.

À la destination suivante, Londres, je courrai de la même manière, mais je ne trouvai aucun client potentiel. Profondément découragé, je pris un vol pour ma destination, Milan, en Italie. Dans la salle de bains de l'hôtel Meridian où je logeais, je m'assis à califourchon sur le lavabo à côté des toilettes et je tournai le robinet. Un jet d'eau chaude bouillante en jaillit, sur lequel, faute d'avoir su utiliser le robinet froid pour ajuster la température de l'eau, je me brûlai salement. J'eus des douleurs irritantes pendant quelques jours après ça. Je pus toutefois, heureusement, rentrer au Japon sain et sauf.

Au cours de ce mois solitaire passé à voyager, il me fallut lutter contre la barrière de la langue, la nourriture différente, le décalage horaire et le choc culturel. En arrivant à Haneda, j'avais l'impression d'être en apesanteur. J'avais la sensation d'être un somnambule.

Se débattre avec l'anglais

Mes séjours à l'étranger m'amenèrent à réaliser que je n'arriverais à rien sans maîtriser la langue anglaise.

Tout d'abord, je suivis l'émission de radio NHK *English Conversation*, avec les instructeurs Katsuaki Tōgo et Helen Reynolds. Le cours ne coûtait que 120 yens par mois. J'étudiai les leçons avec enthousiasme, répétant tout, à chaque fois, deux fois. Lorsque j'étais en voyage d'affaires, ma femme enregistrait les émissions pour moi.

J'écoutais les discours du président Kennedy en boucle sur une cassette, sur la route, en voiture. J'ai dû l'écouter des milliers de fois en trois ans, en parlant, à voix haute, sur la bande. Le niveau était beaucoup trop élevé pour moi, mais l'entraînement me servit pour mes réunions ultérieures.

En voyage d'affaires, je portais mes écouteurs stéréo en permanence, marmonnant en public des bouts de phrase pour m'exercer à la prononciation.

Une fois, sur la ligne de train Hankyu qui relie Takarazuka à la gare d'Umeda à Osaka tellement absorbé par mes études d'anglais et coupé du monde par mes écouteurs, je ratai ma station. Au lieu de descendre à Umeda je fis un tour complet jusqu'à Takarazuka : j'étais revenu à mon point de départ sans m'en rendre compte ! À mon grand embarras, un jeune passager du train comprit ce qui m'arrivait et se mit à rire aux éclats. J'aurais voulu que le sol m'engloutisse sur place tellement j'avais honte.

Une scène analogue se produisit, à bord d'un vol à destination de Boston. Alors que j'étais assis là, plongé dans mon anglais, une hôtesse de l'air vint à moi et me cria dessus avec excitation. Elle me pressa de descendre de l'avion, me demandant ce qui se passait, je regardai autour de moi pour constater que nous avions déjà atterri et que tous les autres passagers étaient partis. Après avoir lutté comme ça pendant quatre ans, je sentis que je commençais à être suffisamment armé en anglais pour faire des affaires.

En 1968, quatre ans après ma première visite aux États-Unis, j'entrai dans l'antenne Berlitz de Kobe, la première école de langues au monde, pour un cours accéléré d'un mois afin de terminer mes études. Les frais de scolarité s'élevaient à environ 1 000 000 de yens. L'école de Kobe était un campus récemment ouvert, et j'avais quatre instructeurs étrangers. Je passais dix heures par jour à étudier, avec des leçons d'une durée de 40 minutes suivies d'une pause de cinq minutes. La nuit, je rêvais en anglais. J'allais déjeuner avec mes professeurs. J'appréciais en particulier de déjeuner avec Judy Smith, une charmante enseignante australienne.

Ma détermination et ma ténacité, ainsi que ma patience et mes efforts, me permirent de poursuivre mes efforts dans l'apprentissage de cette langue. Pendant quatre ans, je me consacrais corps et âme à l'anglais. Je crois que c'était un investissement qui en valait la peine. J'étais convaincu que ne pas parler anglais constituerait un frein énorme au développement de Swany à l'international.

J'ai donc fait beaucoup d'efforts pour améliorer ma capacité d'expression, mais quelques décennies, alors que j'approchais des 80 ans, le téléphone sonna.

Êtes-vous M. Miyoshi ?

Oui, oui, *momenton, ĉu vi estas...* (attendez un instant, est-ce que c'est ?) Je répondis en espéranto, dont j'avais récemment commencé l'étude. Les mots anglais ne voulaient pas venir. Tel était l'état de mon anglais faute de l'avoir suffisamment entretenu pendant dix ans.

Je ne me fais pas comprendre

Je m'étais consacré à l'étude de l'anglais, mais j'avais encore du mal à gommer, dans ma prononciation, les marques de mon accent japonais.

La scène se passe au cours de mon troisième voyage en Amérique, à Chicago. J'allai chercher quelque chose à manger pour me restaurer. Je commandai à la serveuse des spaghettis. Elle me fixa alors, l'air interdit. Je m'évertuai à réitérer ma demande, mais la communication n'arrivait pas à passer. Elle fit venir le chef à ma table qui finit par comprendre ce que je voulais dire et je pus avoir mon déjeuner. Après coup, j'identifiai le problème : je n'avais pas suffisamment accentué le son « ghe » du mot « spaghetti ».

Dans un avion en provenance de New York pour le Canada, j'eus ainsi un jour un dialogue de sourds avec une dame autour du mot *Canada* car je ne le prononçais pas comme elle l'aurait souhaité, en accentuant la première syllabe.

Je me rendis un jour à la cathédrale St. John the Divine, la plus grande église de New York. Je hélai un taxi et je demandai au chauffeur de me conduire sur l'*Amsterdam Avenue*. Le chauffeur me regarda d'un air dubitatif. J'insistai pour essayer de me faire comprendre – en vain. Le chauffeur m'ouvrit la porte pour m'inviter à monter devant. L'habitacle du conducteur est sécurisé par une cloison grillagée qui le sépare de l'arrière du taxi. Je m'installai sur le siège avant et je montrai une carte de visite au chauffeur pour lui montrer l'adresse de ma destination. « Oh, *Am-ster-dam* », dit-il alors. Je réalisai simplement que j'avais trop accentué le « Am » et le « dam ».

La seule chose que je maîtrisais à peu près, c'était les chiffres et le vocabulaire relatif aux gants. En japonais, au lieu de « million » (mille milliers) et « milliard » (mille millions), on exprime les grands nombres en unités de *man* (dix mille), *oku* (dix mille fois dix mille = 100 000 000), etc. Pour faciliter l'utilisation des grands nombres en anglais, je m'appuyais sur le fait que la population du Japon (un *oku*) était de « cent millions » et que celle de la Chine (dix *oku*) était de « un milliard ». En considérant les grands nombres comme des multiples de la population du Japon ou de la Chine, je pus facilement comprendre et utiliser les nombres en anglais.

Mais le mot qui me donna le plus de fil à retordre fut le mot « glove » (gant).

Apprendre à prononcer ce mot-clé fut évidemment pour moi une nécessité.

Supprimer le courtier –
un rêve devenu réalité

Lors de ma troisième visite en Amérique, je réalisai enfin l'un de mes principaux objectifs : négocier directement sans passer par un agent.

Tout commença par une conversation téléphonique. Milton Schwartz, PDG de Avon Glove Corporation, que j'avais déjà rencontré lorsqu'il était au Japon m'appela pour me donner rendez-vous.

C'était à l'époque où nous faisions encore affaire avec Strong, les courtiers en exportation de Kobe, avant que Swany n'en vienne à négocier sans intermédiaire.

Lors de notre rencontre, je lui fis part de mon appréhension. Je ne voulais pas que Strong devine mes intentions. Milton m'expliqua alors qu'il connaissait bien Strong ; qu'il avait eu recours à ses services des années durant ; mais qu'il l'avait récemment écarté, car il acceptait des dessous-de-table. Sa gestion était par ailleurs calamiteuse. Milton avait perdu gros à cause de lui. Nous décidâmes donc d'un commun accord qu'il serait plus judicieux et plus rentable pour nous deux de faire affaire directement ensemble, sans intermédiaire.

Il avait dû être séduit par la qualité des produits de Swany. Je lui donnai quelques devis, et il me passa commande.

C'est à partir de ce moment-là que je suis devenu autonome dans le secteur si crucial des négociations.

Je ne me souviens plus quel était alors le montant des commandes.

Milton finit par me dire que même si mon anglais n'était pas parfait, l'essentiel était qu'il pût juger la marchandise sur pièce. Il avisa alors notre interprète que nous n'aurions plus besoin de lui. J'échangeai alors une poignée de main avec Bob, le frère de Milton, ainsi qu'avec tous les membres du bureau. L'effectif du bureau était composé de six personnes seulement. On me dit que plusieurs dizaines d'employés travaillaient par ailleurs au dépôt de distribution.

J'appris alors que c'était le schéma typique d'un importateur new-yorkais, avec un siège à Manhattan contrôlant les expéditions à partir d'un entrepôt en banlieue.

« La prochaine fois, je vous inviterai chez moi. Continuez à pratiquer l'anglais ». C'est sur ces paroles et une poignée de main vigoureuse que nous prîmes congé l'un de l'autre. Je sentis alors des larmes de joie me monter aux yeux.

Vie nocturne

Pour l'écriture de ce livre, j'ai téléphoné à Tokuichi Shikatani, le président de notre concurrent Fuji Industries, pour tenter d'en savoir plus sur les circonstances du licenciement du chef de section de Strong, il y a un demi-siècle aujourd'hui. Il me dit que le chef de section exigeait à l'époque une commission de 5 %, mais qu'ils l'avaient ramené à 2 %. Il semble qu'il ait détourné 2 % pour son propre compte auprès de quatre entreprises. Avec tout cet argent, il aurait pu s'acheter des immeubles !

Apparemment le directeur de Strong avait contacté M. Shikatani pour lui demander de confirmer l'information donnée par Miyoshi Textiles selon laquelle le chef de section M prenait des dessous-de-table. Il lui avait demandé en outre s'il avait été payé pour ça. C'est pourquoi, lorsque M. Shikatani répondit par l'affirmative, le directeur décida de licencier le chef de section séance tenante. J'eus le sentiment que mon père avait eu recours à Strong par crainte de m'impliquer dans ces activités obscures.

Trois hommes et une femme travaillaient sous les ordres du chef de section des gants chez Strong. Le chef de section et la femme rentraient toujours directement chez eux après le travail, et je dînais avec les trois autres hommes, après quoi nous faisions la tournée des bars et des cabarets.

Nous fréquentions un cabaret dans le quartier de Sannomiya à Kobe, le New Century. Un soir, alors que la boisson commençait à couler à flots, le rideau qui recouvrait le plafond prit feu. Un mouvement de panique s'ensuivit et une annonce vocale intima à plusieurs reprises le personnel d'accompagner les clients en lieu sûr. Je suivis nos hôtesses, mais ces dernières nous conduisirent dans le vestiaire, qui était rempli de gens qui cherchaient leurs affaires dans un vent de panique. Il n'y avait personne pour nous guider hors du bâtiment, aussi me suis-je rapidement joint à un autre groupe et nous pûmes ainsi sortir.

Lorsqu'ils vinrent visiter ma ville natale de Kagawa, je leur fis découvrir les néons de Takamatsu et je les emmenai dans un établissement local de renom, le Rainbow Garden Cabaret.

La célèbre chanteuse Izumi Yukimura était là, et elle interpréta ses chansons à succès *East of Eden* et *Love Is a Many-splendored Thing*. Frank Nagai, un autre chanteur populaire, est également apparu. Il interpréta sa chanson à succès *Kimi koishi* (« I yearn for you ») de sa douce voix de baryton.

Développer de nouveaux marchés avec un anglais approximatif

Je fis chaque année le tour du monde pour développer nos marchés, en engageant des interprètes partout où j'allais. En raison de mon handicap à la jambe droite, porter mes bagages dans une valise sans roulettes était pour moi un véritable supplice. Avançant pas à pas, telle une tortue, j'allais de réunion en réunion, la tête remplie du jargon anglais de l'univers gantier.

Fidèle à sa parole, le PDG Schwartz m'invita chez lui. Après avoir bu l'apéritif, nous passâmes à table pour dîner. Mme Schwartz, qui avait dans les mains une marmite, me dit quelque chose qui ressemblait à « S'il vous plaît, à l'envers ! ». Sur le coup, je ne compris pas ce qu'elle voulait me dire. Et je ne sus donc pas comment réagir. Milton me vint alors en aide en m'expliquant par des gestes qu'elle voulait simplement que je retourne mon assiette.

Après avoir bu quelques verres, Milton me demanda si les gantiers Grandoe et Fownes comptaient parmi mes clients. Dans la mesure où ils n'étaient pas en concurrence avec lui, il me suggéra de me rapprocher d'eux. Ils étaient basés à Gloversville, à une centaine de kilomètres au nord de New York City.

Gloversville NY fut à l'origine une colonie de gantiers immigrés d'Europe, implantée aux États-Unis aux 16e et 17e siècles. Avant la guerre, la ville comptait 300 gantiers, mais il n'en restait plus qu'une dizaine. La population de la ville diminua par ailleurs d'environ un tiers pour atteindre 15 000 habitants, ce qui est comparable à ma ville natale de Higashikagawa. De même existent les villes Tannersville et Huntersville.

Lors de ma première visite à Grandoe Corporation, les dirigeants m'informèrent qu'ils se fournissaient uniquement dans leurs usines de Porto Rico et des Philippines : il n'était pas dans leur intention d'acheter leurs gants à d'autres entreprises.

Toutefois, lors de ma quatrième visite de la firme, le PDG Richard Zuckman me convia pour un en-cas raffiné au cours duquel il me dit le plus grand bien de notre cuir synthétique souple Jelmin. Nos gants doublés en laine, en poils et en fourrure de lapin lui paraissaient en revanche un peu chers. Ce fut là un moment décisif.

C'était l'année de démarrage de Swany Korea. Ce nouveau site nous permit d'opérer une réduction des coûts de production de 10 % environ. Nous arrachâmes alors une commande de 35 000 douzaines de paires au prix moyen de 25 dollars la douzaine. À l'époque, un dollar valait 250 yens, et ce fut là le premier gros contrat de Swany d'une valeur supérieure à 200 millions de yens.

Richard et sa femme Susan vinrent au Japon pour leur lune de miel. Nous leur fîmes faire un peu de tourisme dans les célèbres jardins de Ritsurin ainsi qu'à Yashima, avec sa vue panoramique sur la mer intérieure de Seto. Nous devînmes ainsi des amis de la famille. Deux ans plus tard, hélas, Richard et Susan nous annoncèrent leur divorce.

Question de taille

Pendant dix ans, je continuai mes efforts en direction du principal fabricant de gants, Fownes Brothers, et bien que la percée espérée se faisait attendre, j'eus l'occasion de visiter leur usine aux Philippines. Lors de ma visite du site, j'y découvris un open-space où 2 000 employés œuvraient à la fabrication de gants en cuir. La zone de production et les bureaux étaient séparés par une cloison entièrement vitrée, et l'ensemble de la zone et la totalité des agents de production pouvaient également être vus depuis le bureau du directeur à l'étage supérieur. Dans un coin de la pièce, il y avait une douche, une douche qui n'avait que l'eau froide : on m'expliqua que le climat sur place rendait l'eau chaude inutile.

Le directeur me fit par ailleurs savoir que la gestion de l'usine ne posait pas de problème particulier. Mais, peut-être me considéraient-ils comme un concurrent et craignaient-ils de ma part quelque tentative d'espionnage industriel. En tout cas, ils ne me laissèrent pas le loisir de visiter librement la zone de production. Le salaire mensuel moyen y était de 20 dollars, moins élevé que chez Swany Korea. Aussi compris-je mieux la raison derrière le fait que le prix de détail était resté stable toutes ces années.

Le directeur me fit également savoir que Gold Glove Company, une entreprise canadienne, produisait des gants à Manille. Je pris m'envolai alors pour Montréal où se trouvait le siège de la société. Danny Gold, PDG de la troisième génération, constatant que nous avions le même âge, et ayant connaissance de mes relations commerciales avec Grandoe, se montra fort intéressé. Il avait toutefois identifié un défaut sur les gants Swany : le pouce était trop près de la base des quatre doigts, ce qui rendait l'ouverture des mains inconfortable. Il exigea par ailleurs que les tailles junior et enfant fussent retravaillées. Il conditionnait la signature d'un contrat à la résolution de ces deux problèmes.

La taille L homme devrait être 3 % plus grande que la taille M. La taille XL devrait être 6 % plus grande que la taille M. La taille S 3 % plus petite que M. La taille L junior devrait correspondre à 93 % de la taille M masculine. La taille M junior à 90 %, et la taille S junior à 87 %. Quant aux tailles enfants, les tailles L, M et S devaient respectivement être de 83 %, 80 % et 77 %, tandis que les tailles nourrissons devaient être de 73 %, 70 % et 67 %. Les poignets des tailles juniors devaient être plus larges de 3 %. Les poignets des tailles enfant de 6 % et les poignets des tailles bébés de 9 %. Pour le marché japonais, la réduction d'une taille des modèles fonctionna parfaitement.

Danny me donna également des patrons en papier, qui tenaient compte de l'étirement du cuir. Après avoir suivi ses conseils, nos ventes augmentèrent de manière significative.

Importateurs européens

Kauko, un agent d'importation à Helsinki, la capitale finlandaise, servait d'intermédiaire pour les grands magasins. Après avoir convaincu, M. Kajoste, il me fallut passer l'épreuve du feu en convainquant mon interlocuteur que mon handicap n'était pas de nature à m'empêcher d'être directeur exécutif senior, et que nous étions une entreprise de taille décente capable de fournir des gants dans des tailles correspondant aux mains européennes.

En Finlande, c'est un système de vente directe qui approvisionne les principaux grands magasins tels que Stockmann, Sokos et Kesko. Nous reçûmes des commandes d'échantillons et nous pûmes obtenir des contrats principalement pour des gants doublés en croûte de cuir et des gants en cuir de bœuf doublé. Grâce à une « lettre de crédit » émise par la banque du client, nous pouvions recevoir le paiement immédiatement après l'expédition, et Kauko disposait d'une garantie de 5 % de la valeur de la transaction.

Le froid était tel sur le parking que la porte de la voiture gelait pendant la réunion. Je laissais, en conséquence, le moteur tourner. En hiver, la température descendit en dessous des -30 °C. Il ne commençait à faire jour qu'à 9 heures du matin et la nuit tombait de nouveau dès 15 heures. Les voitures gardaient leurs feux allumés toute la journée et les enfants utilisaient des lampes de poche sur le chemin pour se rendre à l'école.

En Finlande, qui avait vécu sous le joug de l'Empire russe, le Japon était admiré pour avoir gagné la guerre russo-japonaise de 1904-1905, et l'amiral japonais Tōgō était célébré en héros. Mon succès là-bas doit peut-être quelque part à cette sympathie pro-japonaise, ainsi qu'au fait que je suis arrivé en Europe du Nord avant nos concurrents.

Je rendais visite à Aug. Eklöw à Stockholm, la capitale suédoise, chaque fois que je me rendais en Europe.

J'eus par la suite rendez-vous pour une réunion d'affaires avec le président d'Eklöw à l'hôtel Royal d'Osaka. Je compris mal le nom de l'hôtel et je l'attendis à l'hôtel Royal de Kobe. Le président en fut courroucé et me dit au téléphone qu'il ne voulait plus avoir affaire à nous.

Quelques années plus tard, je sortais d'une réunion avec une autre entreprise suédoise, et, arrivé dans le hall de l'immeuble, j'appris que les chauffeurs de taxi de Stockholm étaient en grève. Sans solution pour me rendre à ma prochaine réunion, je décidai d'interpeler un fourgon postal qui venait de s'arrêter devant l'immeuble. Spontanément, je lui demandai de l'aide. J'allai jusqu'à le supplier qu'il m'emmène à l'Association des coopératives suédoises. D'emblée, le chauffeur refusa arguant du fait qu'il n'était pas un taxi, mais un fourgon postal. Ce en quoi il avait parfaitement raison. La camionnette n'était effectivement pas un taxi. Mais je l'implorai, en joignant les mains dans une attitude de prière. Remarquant peut-être mon handicap et compatissant, il finit par céder et me laissa monter. Il m'ordonna de ne rien ébruiter de tout ça. Ce coup de chance avec ce fourgon postal nous permit d'ouvrir un compte à la Coopérative suédoise, qui était cliente d'Eklöw.

Le président de la société italienne AGAM était M. Chiodi. Il venait au Japon deux fois par an, une fois au printemps, une fois à l'automne. Il m'apporta son soutien lorsque je suivis un régime de jeûne pour un problème rénal, et lui-même observait un régime à base de riz brun, en travaillant dur avec un seul repas du soir par jour. Son secret, disait-il, était de nager 500 mètres par jour. Il m'encouragea à nager pour rester en forme et, suivant son conseil, je pris l'habitude de nager 250 mètres par jour.

Les expériences que j'ai vécues pendant cette période furent éminemment précieuses : elles me permirent de me familiariser avec l'environnement commercial européen tout en découvrant de nouveaux pays et leurs cultures.

Sears, le premier grand magasin du monde

Vers 1975, les principales chaînes de grands magasins européennes et américaines commencèrent à importer directement depuis les pays asiatiques. Je fis une enquête sur les grands magasins, établissant un classement des ventes et le profil de leurs caractéristiques. Je fis même une liste inventoriant les noms de leurs différents acheteurs que j'obtins auprès de leurs secrétariats.

Je téléphonai à M. Graf du grand magasin Zayre de Boston, classé 17e. Il me fit savoir qu'il n'avait pas besoin de mes services et mit aussitôt fin à l'appel. J'essayai de le rappeler, mais il me conjura de cesser de le harceler. J'insistai encore avec une dernière tentative, plus ou moins désespéré, en priant le standard de lui dire de ma part que je ne lui prendrai que cinq minutes de son temps. Il perdit patience et cria qu'il en avait assez. J'abattis alors une dernière carte : « J'ai peut-être des informations sur le Japon qui pourraient vous être utiles ».

« Cinq minutes pas plus ! » céda-t-il. Je montai alors dans son bureau. Ma surprise fut totale en découvrant un Afro-Américain. Rien à voir avec l'image que je m'étais faite de lui. Mon manque d'expérience fit que je restai un moment emprunté devant lui. J'aurais dû savoir qu'il n'est jamais bon d'avoir l'air surpris quand on rencontre quelqu'un pour la première fois !

Une heure s'écoula. À ma grande joie, il me dit que nos produits et nos prix l'intéressaient. Plus tard, il nous rendit visite à Shikoku, et nous commençâmes à faire affaire ensemble. Je sais désormais d'expérience qu'en se présentant sans rendez-vous dans une entreprise, on obtient un entretien environ la moitié du temps, avec, le plus souvent, de bons résultats à la clé !

Le numéro 15 de ma liste était l'entreprise Korvettes à New York. Ce n'est qu'au terme de ma treizième tentative que nous arrivâmes à établir une relation commerciale avec eux. Nous réussîmes à ouvrir un compte chez eux lorsque le troisième acheteur, un autre afro-américain, prit le relais. Un grand homme avec un nez fort, il s'appelait « Fitzpatrick », un nom pour moi difficile à prononcer, et ma mauvaise prononciation conduisit plus d'une fois l'opérateur téléphonique à me mettre hors ligne ou à me couper.

Au bout d'un certain temps, j'appris à prononcer la syllabe « pa » de Fitzpatrick avec un accent bien marqué. Quant à l'orthographe, je réussis à l'apprendre après m'être exercé à écrire le nom plusieurs fois de suite.

Mes efforts pour vendre à Sears, le plus grand magasin du monde avec un chiffre d'affaires annuel de cinq mille milliards de yens et un effectif de 400 000 personnes, durèrent sept ans et impliquèrent plus de 20 visites à Chicago. Mes allées et venues là-bas étaient si régulières que j'en vins à rêver parfois du vrombissement d'un moteur à réaction. Yoshiko commença à s'inquiéter pour moi ! Le siège de Sears était un groupe de bâtiments éparpillés sur un vaste territoire. Subjugué par l'aura et l'autorité du magasin numéro un mondial, je sentis mes jambes défaillir un instant, en arrivant sur place.

J'étalai mes échantillons sur un bureau dans la salle de l'acheteur, une petite pièce d'à peine trois mètres carrés. M. Hanson, un homme de taille moyenne, prit en main un gant et en demanda le tarif. C'était 25,40 dollars. Il me demanda alors de quelle matière était constituée la face. C'était du Jelmin. Fabriqué au Japon. Il trouva le toucher agréable et doux. Il me demanda en quoi était faite la doublure. Elle était en acrylique. J'étais là depuis environ 15 minutes quand il me fit signe de partir. Le fournisseur suivant attendait derrière moi. J'eus affaire avec cet homme quatre ou cinq fois, mais jamais il ne me donna ma chance.

Je me rendais encore chez Sears quatre fois par an. Deux ans plus tard, M. Hanson fut remplacé par un homme imposant aux yeux bleus étroits, appelé M. Stewart. J'ignore encore à ce jour ce qui était arrivé à M. Hanson. Quoi qu'il en soit, M. Steward non plus ne donna pas suite.

La sixième année, je rencontrai un troisième acheteur, M. Bridges. Nous nous découvrîmes une passion commune. Nous étions tous les deux des radioamateurs. Nous eûmes une discussion animée sur le sujet. De petite taille, il avait l'habitude de marmonner quand il parlait, mais il savait écouter. Il avait une attitude sérieuse et sincère. Il sembla surtout impressionné par ma persévérance ; par le fait, notamment, que je leur avais rendu visite six ans durant. Il vint plus tard nous voir à Shikoku et aussi à notre usine en Corée. Lors de notre rencontre à Séoul, sept ans après avoir approché Sears pour la première fois, nous conclûmes un accord d'une valeur de plus de 200 millions de yens par an.

Lorsque nous créâmes Swany America en 1980, ce Tom Bridges devint vice-président, et il y joua un rôle essentiel. Sa contribution à l'élimination des barrières culturelles fut décisive.

Tom prit sa retraite en 2004, mais nous entretînmes l'amitié que nous avions pour Tom et sa charmante épouse Judy ainsi que son père, et nous fûmes conviés au mariage de leur fille.

Une invitation du PDG de Sears

En 1982, le PDG de Sears et son épouse vinrent au Japon, et environ 500 fournisseurs furent invités à une réception au grand hôtel Okura. Ce fut un gala somptueux rassemblant des personnes riches et célèbres, dont Seiji Tsutsumi, président du groupe Seibu.

M. et Mme Swift, à l'allure sympathique, se tenaient à l'entrée et saluaient tous les participants en leur serrant la main. Lorsque j'entrai, une demi-heure s'était déjà écoulée. « Et qu'est-ce que vous nous fournissez ? » demande M. Swift. « Des gants », ai-je répondu. « Pardon, de quoi s'agit-il ? » « Des gants. » « Je suis désolé, je ne comprends pas. » « Des gants d'hiver », dis-je en mimant le froid des mains.

« Ah, des gants ! » me dit-il dit en souriant. J'eus du mal à lui faire comprendre mon anglais, mais j'étais ravi qu'un fournisseur insignifiant comme moi soit là en tant qu'invité. Mes nombreux voyages à Chicago me revinrent en mémoire, sous le soleil, la pluie, le vent et la neige, et le rugissement des moteurs à réaction.

Je criai dans mon cœur. Je sentais que les larmes commençaient à couler. S'il n'y avait eu personne d'autre, j'eus pleuré à chaudes larmes, mais je me maîtrisai et, après avoir serré la main de Mme Swift, je me ressaisissais.

4. Le Saint Graal — un produit pour toute l'année

Un chemin semé d'embuches

À la faveur de son expansion mondiale, Swany fit croître de manière continuelle son chiffre d'affaires. Il ne fut pourtant pas aisé de remédier au péché originel de l'industrie du gant : sa dépendance objective à un produit saisonnier qui ne se vend guère qu'en hiver.

Lors de la période creuse de décembre à mars, l'activité s'arrêtait la plupart du temps dans nos usines faute de commandes suffisantes. À partir des années 1970, je passais le mois de juillet à New York et je visitais cinq ou six autres villes, en quête de nouvelles commandes. Cela me laissait le temps de me procurer les matériaux et d'inspecter les échantillons avant que ne commence la basse saison.

J'allais quotidiennement au siège de Fownes à New York – dont j'avais pu visiter l'usine à Manille. Leur vice-président, M. Gluckman, voyait en moi un concurrent, mais j'espérais qu'il trouverait nos prix et la qualité de nos produits suffisamment attractifs pour l'inciter à faire affaire avec nous. Cependant, au terme de sept ou huit ans passés à le travailler au corps sans résultat, et, par ailleurs, conscient du fait que je lui fournissais gracieusement des informations utiles sur l'industrie, je décidai d'abandonner.

Aris Gloves, de la Cinquième Avenue, consacre un budget publicitaire annuel se chiffrant à plusieurs centaines de millions de yens. Sa gamme de gants extensibles Isotoner « taille unique » connus pour offrir une adhérence de confort sur le volant de conduite est un succès planétaire. L'enseigne Isotoner est désormais un leader mondial, affirmant avoir « libéré les Américains de l'inconfort des volants froids ».

J'y visitais mon interlocuteur, M. Harman, non sans persévérance, de bon matin, lorsqu'il arrivait au travail, mais curieusement, ces entrevues ne faisaient rien avancer. Je persévérai ainsi six ou sept ans, convaincu de ce que cet activisme matinal pût porter ses fruits... Le destin amena plus tard ce même M. Harman à briguer le poste de vice-président de Swany America. La situation n'était toutefois pas mûre pour cette option, et notre choix se porta plutôt sur Tom Bridges, dont j'ai déjà mentionné le nom dans le chapitre précédent.

Le fabricant américain Gates était dirigé par un honnête homme plutôt bon vivant, M. Nessel. Je pris le train pour aller le voir à Gloversville au siège de l'entreprise. M. Nessel ramenait souvent la conversation sur la famille et le golf, et je me demandais pourquoi il tenait tant à parler de ces sujets. Je réalisai qu'il essayait simplement de se montrer amical ! Il passait commande à des gantiers d'Asie de l'Est pour 3 000 douzaines de paires par an (d'une valeur d'environ 150 millions de yens) de gants de ski en polypropylène léger à doublure épaisse.

M. Nessel insista pour avoir une réduction de 10 % sur le prix de nos gants à 25 dollars l'unité, exigeant une réponse avant la fin du mois de juillet. C'était une réduction massive. Deux semaines après mon retour au Japon, il me demanda de venir à Seattle.

À l'aller, la classe économique était complète ; ainsi, pour la première fois de ma vie, je voyageai en première classe. Il vint me chercher à l'aéroport. La moitié de sa commande devait être livrée en mars, mais l'autre moitié en septembre, ce qui impliquait des frais de stockage. Mais, au moins, nos usines continueraient de tourner.

Notre modèle économique visait un bénéfice net moyen de 5 à 6 %, en récupérant les pertes de la période creuse pendant la période d'activité.

Mon plan fut finalement accepté, mais ma demande d'une augmentation de prix de 10 % sur les commandes supplémentaires en période de pointe fut refusée. Je bataillai pour ne plus avoir à consentir à aucune réduction de prix, qui eût obéré l'obtention de nouvelles commandes pour la basse saison. Ce n'est donc pas sans peine que je réalisai, au final, un bénéfice de 4 à 5 %.

Je continuai à rendre visite chaque année aux importateurs New York Glove, Avon Glove, Grandoe et Monark à Montréal. Mais le nombre de clients disposés à prendre le risque d'acheter en gros était limité, et en dix ans d'efforts, je parvenais à peine à obtenir deux mois de commandes, soit la moitié de mon objectif.

Dans l'hémisphère sud

C'est en toute logique que Swany chercha des débouchés, pour la basse saison, dans l'hémisphère sud, là où les saisons sont inversées par rapport à celles de l'hémisphère nord. En 1977, je rencontrai le PDG de Dents Gloves à Sydney, en Australie.

Je leur avais au préalable envoyé notre brochure d'entreprise. Ce qui ne fut pas sans effet puisque le PDG Gasson et sa femme m'invitèrent, à mon arrivée, dans un restaurant japonais. La réunion du lendemain, en revanche, fut une grande déception. Ils ne voulaient pas commander plus d'une quantité assez faible de chacun de nos produits.

Je visitai plusieurs entreprises à Melbourne, et j'obtins une première réponse positive, mais le résultat fut négatif, après cela, à peu près partout. Le climat, d'abord, expliquait en partie cette déconvenue : il ne faisait pas assez froid en Tasmanie, et plus généralement dans les régions du sud du pays, pour porter des gants. Autre raison : la faible démographie de la région. Il m'apparaissait que la situation serait sensiblement la même en Afrique du Sud : je décidai toutefois de ne pas me résigner avant de l'avoir vérifié par moi-même.

Nous fîmes escale à Perth, dans le sud-est de l'Australie, pour ravitailler l'appareil en carburant. Nous traversâmes l'océan Indien et nous survolâmes Madagascar, une île qui représente 1,6 fois la superficie du territoire japonais. Arrivé en Afrique du Sud, je visitai Johannesburg et Le Cap. Dans les deux villes, je rencontrai des industriels gantiers, mais mon carnet de commandes ne sortit grossi de cette rencontre que d'une faible quantité de chaque produit.

Avec le directeur général de Dents Gloves et sa femme,
1977

Tant qu'à être sur place, je décidai de visiter le cap de Bonne-Espérance. Le panorama sur le site était splendide et le lieu était désert. Alors que je me trouvais là, rempli d'un sentiment de solitude, dans cet endroit isolé. Un couple d'Allemands fit son apparition et le mari prit une photo de moi et de sa compagne pour immortaliser cette rencontre inoubliable.

Je quittai Le Cap par un vol à destination de Londres via Kinshasa, dans l'ancien Zaïre (aujourd'hui RD Congo). Nous dûmes toutefois atterrir à Madrid tard dans la nuit en raison de conditions météo défavorables à l'aéroport d'Heathrow.

À l'hôtel réservé par l'agent de voyage, le bagagiste prit ma valise et me laissa dans ma chambre. En claquant la porte, la poignée de la porte tomba et roula sur le sol. Je me retrouvai coincé dans ma chambre, incapable d'ouvrir la porte. J'appelai le hall d'entrée depuis mon téléphone, mais mon anglais était encore trop approximatif ; je n'arrivais pas à me faire comprendre. En désespoir de cause, je lançai un « SOS ! », et quelqu'un accourut pour réparer ma porte.

Ainsi, malgré tous mes efforts, mon périple dans l'hémisphère sud n'eut aucune incidence positive sur le carnet de commandes de l'entreprise pour la basse saison.

Un pas en avant, un pas en arrière

En Amérique, les ventes annuelles des gants de ski de la marque Swany atteignirent un milliard de yens, et la fabrication pour stockage devint possible, au moins dans une certaine mesure. Cela nous permit de gagner un mois de travail dans la basse saison. Cela étant, du fait que cette production est implantée en Chine, nous sommes, eu égard aux mesures de rétorsion prises par M. Trump, en difficulté à l'heure où j'écris ces lignes.

En 2018, nous dépêchâmes Ichiro Kuwahara à la présidence de Swany America. Aussitôt, celui-ci fit en sorte de traiter le problème de la saisonnalité des ventes en concentrant ses efforts sur les gants cyclistes.

Le plus grand marché du gant de ski est lié à la région des Rocheuses, et, en été, il y a un marché pour les équipements de VTT. Toutefois, dans la mesure où la neige ne fondit pas après la saison d'hiver 2018, la course cycliste de l'été 2019 ne put avoir lieu, ce qui mit nos projets de gants de vélo en attente.

Pendant un demi-siècle, nos efforts en vue de maintenir notre production durant la basse saison suivirent donc le schéma suivant : un pas en avant, un pas en arrière. À l'heure actuelle, Swany compte parmi ses principaux projets le développement de gants pour les sports de printemps et d'été.

Gants UV pour une production tout au long de l'année

Swany fut pionnier dans le secteur des gants anti-UV au Japon, en entrant sur ce marché il y a près de 40 ans, en 1982. Une connaissance me dit qu'elle aimerait pouvoir porter des gants qui puissent protéger ses mains et ses avant-bras contre le soleil. J'en parlai à ma femme Yoshiko qui me dit qu'une amie à elle lui avait fait part d'une remarque analogue.

Nous préparâmes des échantillons de tissu constitués de matériaux fins anti-UV dans des tailles petites, moyennes et larges, et nous les apportâmes au bureau de la compagnie d'assurance. Les femmes se montrèrent très intéressées, car nous leur expliquâmes que les couleurs sombres bloquaient mieux les rayons ultraviolets que les couleurs claires. Les six femmes jugèrent d'un commun accord que ces gants répondaient pleinement à leurs attentes.

Nous nous fîmes assister par la branche Takamatsu de l'agence publicitaire Dentsu pour mener à bien le volet marketing. Nous mîmes un point d'honneur à soigner la partie conditionnement.

Le produit fut nommé « My Care Lady », jouant sur l'homophonie de ces mots avec le titre de la célèbre comédie musicale *My Fair Lady* avec Audrey Hepburn.

En 1984, Yasushi Okudai, Hidenobu Mitani, Kazumasa Isshiki et Taku Muromaki rejoignirent l'entreprise.

Ces dernières lancèrent une campagne de vente nationale « My Care Lady », mais, malheureusement, de nombreux clients se plaignirent de ce que la gamme taillait trop juste, et nous mîmes ainsi, avec toutes les difficultés du monde, quatre ou cinq ans à en écouler le stock.

Yasushi Okudai, qui devait prendre plus tard la présidence de Swany Cambodge, écrivit à propos de cette période dans *Swany News* en 1999 :

« Envoyée à Osaka, je sortis tous les jours pour essayer de vendre la gamme « My Care Lady ». Avec des échantillons plein les poches, j'avançais dans la chaleur torride de l'été, dégoulinant de sueur, en essayant d'arracher l'intérêt de dames dans des sociétés de cosmétiques. J'avais l'impression d'être une bonimenteuse de foire. J'avais dépassé le stade de la honte, j'étais désespérée. C'est peut-être en somme par pitié à mon égard que des magasins finirent par me prendre quelques produits. »

C'est de nos jours chose banale, mais personne à l'époque n'avait jamais entendu parler de gants anti-UV. La prospective est importante, mais être trop en avance sur son temps peut parfois être contre-productif. Nous avions quelque chose comme dix ans d'avance avec ce lancement. Finalement, malgré tous nos efforts, le produit fut retiré du marché, ce qui se solda par une perte sèche de quelques dizaines de millions de yens.

Quinze ans plus tard, vers 2000, plusieurs entreprises lancèrent leurs « gants UV » et le produit gagna progressivement en popularité. Swany fit partie du lot, et nous en fabriquons maintenant un million de paires par an. Un marché représentant environ 20 % des ventes de l'industrie s'est ainsi constitué. Ces gants sont désormais des produits parmi les mieux référencés sur le marché, avec une concurrence féroce sur les prix. Et pourtant, le déséquilibre saisonnier n'avait pas disparu pour autant.

Au-delà des gants

La recherche s'est poursuivie. Dans les années 1980, nos gants de taille unique « Big Swany » pour enfants et adultes furent balayés par la concurrence, et nos gants doublés « Hot Swany » furent également retirés en raison de la baisse des ventes.

« Yes Swany », nos gants en tricot doublés, disponibles en 32 couleurs et conditionnés dans un étui transparent, eurent un joli destin commercial. Ils furent vendus pendant plus de 10 ans, même si ce n'était pas un produit se vendant pendant toute l'année.

En 1985, mon plus jeune frère développa la marque de gants en cuir « Grip Swany » conçus pour les activités de plein air, qui se forgea une solide notoriété chez leurs amateurs, comme je l'ai mentionné plus haut.

Je commençai à penser que nous n'avions peut-être pas cherché dans la bonne direction. Nous nous étions limités aux gants, mus par l'idée que Swany était un gantier et rien d'autre, alors qu'en réalité, nous avions commencé sur le marché en récupérant des tentes issues de surplus de l'armée américaine pour en transformer la toile en pantalons. Il n'y avait aucune raison de rester centré sur les gants uniquement, à l'exclusion de tout autre produit : nous devions savoir nous montrer plus flexibles dans notre réflexion.

Un signe fortuit vint d'ailleurs conforter ce raisonnement.

Avec un handicap à la jambe, le port de lourds bagages lors de mes voyages à l'étranger était souvent pour moi une source d'épuisement. C'est ainsi que je me suis employé à opérer une révolution technique dans le domaine des bagages de voyage ; et ce, en m'appuyant sur mes propres soucis ergonomiques. Ainsi naquit le « Swany Bag », un sac conçu pour soutenir le corps. De plus je trouvai là un moyen de résoudre, le problème de la saisonnalité des produits.

Plus tard, je développerais le syndrome post-polio (sur lequel nous reviendrons plus loin), me contraignant à passer trois ans en fauteuil roulant. Trouvant les fauteuils roulants classiques difficiles à manœuvrer, se heurtant aux portes et aux toilettes, je décidai de concevoir mon propre modèle compact, avec des roues motrices de 40 cm de diamètre et suffisamment bas pour que l'utilisateur puisse maintenir à portée de main les objets posés sur le sol.

Je fis les dessins et construisis les prototypes, et après avoir investi environ 10 millions de yens, le « Etsuo Swany » vit le jour.

Je le présentai au Salon international du soin à domicile et de la réadaptation au centre d'exposition Big Sight de Tokyo, mais bien qu'il attira l'attention, aucun des 70 prototypes ne trouva acquéreur et nous les mîmes tous au rebut. Tous sauf un que nous gardâmes pour le musée de l'entreprise. Mon corps tout entier tremblait, j'étais si bouleversé. J'étais loin de me douter que cet échec venait finalement d'ouvrir la voie du succès.

J'étais parfaitement conscient que notre survie dépendait de notre capacité à développer notre offre en fonction de la demande réelle du public.

Dans la deuxième partie, je raconterai l'histoire du développement de nos bagages conçus pour soutenir le corps et de nos fauteuils roulants compacts pliants, qui allaient devenir nos produits phares aux côtés de nos gants.

5. Expansion à l'étranger

Produire à domicile

Comment un petit fabricant de gants de Kagawa est-il arrivé à se développer sur la scène mondiale ?

Swany dut délocaliser sa production à l'étranger en raison de la hausse du coût du travail, un problème que le secteur de l'industrie manufacturière rencontre fréquemment. Nous partîmes à l'étranger en quête d'une main-d'œuvre qualifiée pour la faire travailler à moindre coût. Cette manière de faire est habituelle de nos jours, mais là encore, il semble que nous ayons été en avance sur notre temps, ce qui nous valut à l'époque, bien des résistances et des préjugés de la part des nationalistes et des médias.

Au moment où j'intégrai l'entreprise en 1960, l'activité commençait à être à l'étroit dans nos locaux. Une nouvelle usine fut donc construite, d'une surface d'environ 330 m², sur les plans de mon père, à côté de notre maison. Le rez-de-chaussée était consacré à la découpe et à l'étage se trouvait l'atelier de couture. Le nombre d'employés passa à une centaine.

Ensuite, comme je l'ai brièvement mentionné ci-dessus, la société déménagea ses locaux sur un nouveau site, au bord de la mer. En 1964, nous achetâmes environ 7 500 m² de terres agricoles le long de la ligne ferroviaire Takamatsu-Tokushima pour environ sept millions de yens. Je conçus une usine d'environ 1 400 m², qui coûta environ 20 millions de yens. Bâtie sur un seul étage, elle avait un bureau central relié aux zones de production et d'entrepôt. Elle fut construite par Daiwa House en utilisant une structure en tubes d'acier pour limiter les coûts.

En 1968, Swany Ikeda fut créée dans la ville d'Ikeda dans la préfecture voisine de Tokushima, célèbre dans le pays pour l'équipe de base-ball de son lycée. L'année suivante, nous fondions Swany Tokushima, sur un autre site dans la même ville, et l'année d'après, c'est Swany Kōchi qui fut inaugurée en dessous du barrage Sameura dans la préfecture de Kōchi. La zone de production autour de Shirotori ne constituant pas une réserve de main-d'œuvre suffisante, nous nous rapprochâmes de l'intérieur de Shikoku à la recherche de femmes issues de villages agricoles. Ce fut un coup gagnant : 200 personnes vinrent travailler dans nos usines.

Le volet technique des opérations, la coupe et la couture, était sous la responsabilité de Yasuo Okada, qui était avec nous depuis le début, et qui prit en main le dossier technologique dans nos usines de Corée et de Chine, tandis qu'à mon jeune frère Asao fut confiée la direction générale de la gestion.

Le contrôle de l'approvisionnement en cuir représentait un enjeu critique à cet égard. Pour survivre, nous devions réduire au maximum la quantité de cuir utilisée pour chaque paire, en masquant les éventuelles éraflures pour éviter de trop en gaspiller. Les personnes chargées de la coupe avaient naturellement tendance à prendre le cuir qui comportait le moins d'éraflures, si bien que le cuir endommagé s'accumulait à grande vitesse dans l'entrepôt. Au superviseur revenait la difficile tâche de pousser les coupeurs à optimiser l'utilisation du matériau.

Vint ensuite le problème des primes au rendement pour chaque processus, comme la couture des pouces, la couture des fourchettes, la couture des dos et des paumes, etc. Sur quelle base fixer ces primes ? Les ouvriers de la couture étaient prompts à relever la moindre injustice, et les problèmes semblaient toujours provenir de ces primes. Le calcul des primes demeure encore aujourd'hui un réel casse-tête.

La fabrication des gants en cuir était assurée par notre usine principale, à notre siège, ou par nos trois usines de Tokushima et Kōchi. La couture et la finition de nos produits en tissu et en cuir de synthèse étaient confiées à des sous-traitants de Kagawa ou Tokushima. Ces derniers employaient jusqu'à une douzaine de personnes, et la responsabilité en matière de qualité et de livraison était celle du sous-traitant. La productivité et la qualité constituaient aussi des enjeux cruciaux dans la conception des matrices de découpe. Les modèles que j'avais obtenus auprès de Danny Gold au Canada furent pleinement mobilisés à cet égard.

La base de production est délocalisée en Corée

Au cours de cette phase d'expansion, nous commencions à perdre environ 20 à 30 % chaque année au profit de nos concurrents de Taïwan, et la Corée nous sembla appropriée pour l'installation d'une nouvelle base de production. Mon père était d'avis qu'en Corée, contrairement à Taïwan, l'hiver était suffisamment froid pour nécessiter l'usage de gants, et que, de ce fait, l'on trouverait là un meilleur ancrage pour la production. Nous décidâmes donc de nous tourner vers la Corée.

La création en 1972 de notre première usine à l'étranger, Swany Korea, dans laquelle 750 000 dollars furent investis, contribua à nous protéger des effets d'une hausse soudaine de la valeur du yen. En raison du « choc Nixon » de 1971, qui entraîna une hausse du yen par rapport au dollar qui passa de 360 à 240 yens, les bénéfices de notre société nationale partirent en fumée à hauteur de centaines de millions. Les préjudices ne concernèrent toutefois que les marchandises produites sur le territoire japonais et, lorsqu'en 1985, l' « accord du Plaza » conclu par les ministres des Finances et les gouverneurs des banques centrales fit chuter le dollar américain de plus de 80 yens, nous arrivâmes à en supporter les effets. Nous répliquâmes en travaillant à équilibrer les importations et les exportations, en augmentant les importations au Japon.

Lorsque nous démarrâmes notre projet à Masan, en Corée, je créai la devise de notre entreprise : « Pour soi, pour la société, pour le monde ». L'idée était que, tout en travaillant pour notre propre bénéfice, nous contribuions également à la société au sens large. Une paire de gants avait un coût de revient de 700 yens et était revendue 1 000 yens. Ce qui nous permettait de partager le bénéfice entre la Corée et le Japon. Une telle politique de partage de gains nous permit d'attirer à nous d'excellents employés.

Lee Sol-pi de Séoul, qui devint ensuite un ami proche, lut le livre de Hidemaru Deguchi, *In Search of Meaning*. Impressionné par sa philosophie, Lee traduisit le livre en coréen et en fit imprimer 2 000 exemplaires. Une amie de Lee, Kang Hong-quo, qui avait perdu son mari pendant la guerre de Corée et qui était présidente de l'Association nationale des veuves de guerre. Son fils Son Young-chol vint travailler pour Swany Korea après avoir obtenu son diplôme de l'université de Séoul. Après avoir été président de Swany Korea, il devint PDG de Swany America, et, depuis 2013, il écoule ses vieux jours à Busan.

Lors du recrutement, comme nous étions dans un pays dont je ne parlais pas la langue, et pour m'assurer de rester objectif dans mon recrutement, je décidai d'évaluer la dextérité manuelle à l'aide d'un test mis au point par le ministère du Travail (un panneau de 30 cm × 20 cm × 3 cm comportant de multiples trous dans lesquels on insère et tourne des chevilles de couleurs assorties). Ce test d'aptitude s'avéra très efficace, car la dextérité manuelle et la patience sont essentielles dans ce type de travail.

En 1976, nous établîmes Swany Orient sur un site dans l'ouest du pays, et juste à côté, nous avons établi Swany Asia.

Suivant l'exemple de Wells Lamont, le plus grand fabricant de gants de travail d'Amérique dotés des installations de production les plus sophistiquées, nous cherchâmes à avoir des usines dédiées à chaque type de gant. Ainsi, à Swany Korea, nous produisions des gants d'hiver en cuir synthétique et en cuir de vachette fendu ; à Swany Orient, nous fabriquions des gants de ski en cuir synthétique ; et à Swany Asia, nous fabriquions des gants tout cuir.

Nous recrutâmes environ 400 personnes, qui passèrent ensuite à 650. Le salaire de départ était de 8 000 yens. À l'époque, le salaire mensuel moyen au Japon était de 30 000 à 40 000 yens. Environ 70 % du salaire fut consacré aux primes de rendement. L'entreprise fut couronnée de succès, grâce à l'ardeur des travailleurs coréens.

Mais nous finîmes par perdre la bataille des prix contre la Chine, et, en 1990, nous fermions les trois usines pour les vendre à des entreprises locales. En 1979, lorsque le président sud-coréen Park Chung-hee fut assassiné, une atmosphère étrange régna dans l'usine. De violents affrontements opposèrent l'armée et des manifestants, avec parfois des relents de sentiments nationalistes et antijaponais. L'incidence sur les affaires ne fut toutefois pas aussi grave que les médias purent le laisser croire.

Swany accusée de fuir la Corée

La hausse du coût du travail en Corée freina la dynamique de nos bénéfices jusqu'à ce que la situation atteigne un stade critique. Notre retrait définitif eut lieu avec la fermeture de Swany Asia en 1989. À la fin de cette année-là, cinq jeunes femmes représentant le syndicat vinrent au Japon. Nous nous rencontrâmes à l'aéroport de Tokushima. Lorsque j'abordai le sujet de la compensation financière, elles réagirent vivement en disant qu'elles étaient venues là pour défendre l'honneur du peuple coréen, et non pour l'argent.

Le directeur exécutif junior Im, un Coréen, m'informa qu'un groupe de responsables féminins viendrait négocier et, sentant que j'étais sur la défensive, me prévint en ces termes : « En Corée, une fois qu'un travailleur homme est sur la liste noire, il lui est impossible de trouver un nouveau travail, de sorte que les hommes ne participent pas beaucoup aux activités syndicales. Ce sont les femmes qu'on craint en Corée… Elles ont en effet la possibilité de se marier au lieu de chercher un nouvel emploi ».

Les journaux japonais s'emparèrent du sujet et publièrent des articles avec des titres tels que « Les pourparlers patronaux-syndicaux sur le désengagement se prolongeront au cours de la nouvelle année », « Une entreprise en fuite à la recherche d'une main-d'œuvre bon marché », « Une rupture unilatérale de l'accord », « Une bagarre avec les représentants syndicaux coréens », « Un refus de négocier », etc. Il y a eu près d'une centaine de reportages de ce type. En trois mois, nous reçûmes plus de 7 000 lettres et cartes postales de protestation affluant de tout le pays me mettant parfois directement en cause.

Un journaliste vint du journal japonais *Asahi Shimbun*. « Vous vous désengagez maintenant que vous ne pouvez plus faire de bénéfices, n'est-ce pas ? » Je rétorquai comme je pus : « Si vous voyez deux paires de gants exactement identiques, mais que l'une coûte 1 500 yens et l'autre 2 500 yens, laquelle achèteriez-vous ? », mais personne n'était prêt à entendre mes arguments. Nous contribuâmes au développement de l'économie locale pendant de nombreuses années. Mais nous n'étions pas en mesure de vaincre la concurrence chinoise. Les pourparlers s'étendirent sur 100 jours. Nous eûmes 19 rounds de négociation, dont sept de nuit. On me jeta des magnétophones et des cendriers à la figure. On m'invectivait : « Avez-vous une idée de ce que c'était pour notre pays d'être occupé pendant 36 ans ? » Je dus endurer brimades et sarcasmes jusqu'au matin.

Le fils du PDG de Swany America, un Coréen, m'encouragea : « Ne te laisse pas faire ! Tu n'as rien fait dont tu doives avoir honte. Le personnel est libre de partir s'il le souhaite, et vous avez le droit de le laisser partir à condition de lui verser une indemnité de départ ». Il avait raison. Je décidai donc de passer à l'offensive.

Le mois de mars arriva et, chaque samedi et dimanche, je me retrouvai face aux responsables syndicaux et à environ 400 de leurs partisans. Je fis une déclaration écrite indiquant qu'aucune indemnité ne serait versée. Je les invitai par ailleurs à cesser leurs protestations. Une bagarre éclata alors, qui fut maîtrisée par la police, mais qui fit hélas des blessés, certains graves, des deux côtés. Peu de temps après, je reçus un appel téléphonique des délégués syndicaux. Ils voulaient parler argent.

Les négociations reprirent pendant deux jours et deux nuits dans un hôtel voisin, et le 6 mars, nous répondîmes à la demande de 150 millions de yens émise par le syndicat que nous fixions la limite à 5 millions de yens. Ils dirent « C'est peanuts ! », ce qui me mit fort en colère.

Tôt le matin du deuxième jour, je m'écriai : « Comme vous voulez », je rentrai chez moi pour me coucher. Mais je ne pus trouver le sommeil. Finalement, l'affaire fut réglée par le versement d'une indemnité de 30 millions de yens.

Avec le recul, je pense à la façon dont on nous a qualifiés d'« entreprise fuyarde » et je m'interroge sur le sens que ça peut avoir. Il me semble légitime qu'une entreprise cherche à s'implanter en des lieux où la main-d'œuvre est bon marché : elle cherche simplement par là à survivre. Délocaliser la production, c'est, en vérité, faire d'une pierre deux coups : juguler l'inflation dans les pays développés ; créer des opportunités d'emploi et une amélioration de la qualité de vie dans les pays en développement. C'est en tous cas à mon sens le seul moyen de diffuser mondialement des produits de qualité à un prix abordable. Toutes les entreprises ont de nos jours recours à cette stratégie de délocalisation. Je dus pourtant à l'époque passer sous le feu roulant des critiques. J'ai été un pionnier dans cette pratique commerciale. J'ai un peu l'impression, aujourd'hui, avec le recul, d'avoir servi de bouc émissaire.

Création de Swany America

Dans les années 1970, un certain nombre de grandes chaînes de magasins nous suggérèrent de maintenir des stocks en Amérique, afin de nous rendre aptes à répondre à d'éventuelles commandes supplémentaires lorsque le temps se refroidit. En 1980, nous créâmes Swany America (SA), avec Isamu Hasegawa à la présidence et Tom Bridges, ancien acheteur chez Sears, en tant que vice-président.

Nous louâmes 93 m² de bureaux au 12e étage de l'Empire State Building pour 25 000 dollars par an. Le loyer était comparable aux loyers à Tokyo. Plusieurs gantiers se côtoyaient dans un même secteur. Nous pouvions ainsi aller et venir aisément, à pied, d'une enseigne à l'autre. Ce qui était très pratique pour nous et nos clients. Nous louâmes un entrepôt dans le New Jersey pour 50 000 dollars par an. Ainsi avons-nous établi, au fur et à mesure, notre présence en Amérique.

L'expansion de nos activités en Amérique nous permit de nous lancer dans le développement de nouveaux produits pour le marché américain.

À cette époque, la société Pilot Ink, célèbre pour ses stylos plume, introduisait une nouvelle technologie d'impression qui produit des couleurs lorsque la température atteint 8 °C ou moins, et nous avons utilisé cette technologie pour fabriquer des gants pour enfants avec des motifs attrayants tels qu'un paon déployant ses plumes, qui apparaissent lorsqu'ils sont portés à l'extérieur par une journée froide. Ces gants furent baptisés « Freezy Freakies », ou FF en abrégé.

3 millions de dollars furent dépensés en publicité télévisée, et en neuf ans deux millions de paires furent vendues pour 12 millions de dollars. Des gants pour enfants qui auraient normalement coûté 4 dollars se sont vendus 12 dollars, et notre clientèle s'est étendue sur l'ensemble des États-Unis.

Richard, PDG du fabricant Grandoe, me félicita en disant : « Etsuo, tu nous as battus ! » et il me raconta l'histoire qui suit. Apparemment, l'un des cadres de Grandoe rentra chez lui un jour et trouva une paire de Freezy Freakies dans le réfrigérateur. Il demanda à son fils : « Qu'est-ce qui ne va pas avec nos gants ? », ce à quoi le garçon répondit : « Je préfère avoir des gants avec des images qui apparaissent dans le froid ! ».

En 1987, nous achetâmes la société Elmer Little, établie de longue date, qui comptait parmi nos clients. Pour prendre position dans les grands magasins, nous versâmes environ 385 000 dollars de redevances. Nous prîmes en charge la totalité de leur stock, ce qui nous causa de sérieux problèmes de trésorerie, et nous continuâmes à avoir des difficultés pendant une dizaine d'années, notamment en devant réduire le personnel. Ce fut une expérience mémorable.

En 1989, nous lançâmes la première marque américaine de Swany, « Swany Ski ». Nous étions les sponsors de l'équipe de ski de vitesse des États-Unis et de la Coupe du monde et nous commençâmes à exposer au Snowsports Industries America Ski Show à Las Vegas.

Notre marque Flexor est un gant aux doigts articulés pour plus de dextérité, fabriqué à l'aide d'une technologie dérivée achetée à la NASA pour 100 000.

Le Flexor Toaster est une moufle qui peut être zippée et dézippée lorsqu'elle est portée, dévoilant un gant à l'intérieur. Imperméable, respirante et chaude, elle est dotée d'une doublure en Triplex (un matériau isolant à trois couches).

De cette façon nous devinrent les premiers à avoir un gant avec une étiquette de prix de plus de 100 $ la paire sur le marché américain.

Naissance de Swany China

Dans un contexte de compétitivité défaillante, où nos trois entreprises coréennes peinaient face à la concurrence chinoise, nous dûmes nous résoudre à prendre des mesures drastiques, et le président Hiroshi Mino de notre banque principale, la Hyakujushi Bank, m'approcha et me demanda si nous serions intéressés par une expansion en Chine. Un cadre supérieur de la Banque de Chine, en visite au Japon, lui avait demandé s'il connaissait du monde dans l'industrie du gant, et le nom de Miyoshi lui était immédiatement venu à l'esprit.

En février 1984, j'allai donc en Chine avec M. Mino et d'autres personnes. Transi par le froid d'hiver, nous visitâmes Hangzhou, Shanghai, Nanjing, Suzhou et Kunshan, et l'accueil y fut partout exemplaire. Lors de notre deuxième visite en mars, nous nous concentrâmes sur Suzhou, et en avril, nous choisîmes la ville de Kunshan, située entre Suzhou et Shanghai. À partir de ce moment, j'y passai une semaine par mois pour m'entretenir avec Xuan Binglong, le directeur de la zone de développement de Kunshan, et dix autres personnes.

Avec un capital de 1,5 million de dollars, provenant à 52 % du Japon et à 48 % de la Chine, un loyer à un taux annuel de 5,5 yuans × 10 500 m^2 × 20 ans, soit un total de 1,15 million de yuans (environ 100 millions de yens) proviendrait du côté chinois. Nous fixâmes la durée de la coentreprise à 20 ans et le salaire mensuel des 400 employés – comprenant l'assurance, la pension et les autres avantages – à 180 yuans (environ 9 000 yens), soit un niveau auquel nous pouvions rester compétitifs. Le nom à donner à l'entreprise nous donna également du fil à retordre.

Pour ma part je souhaitais l'appeler « Swany China ». Nos partenaires chinois voulaient quant à eux l'appeler « China Swany ». Je tins bon sur « Swany China » : dans nos autres sites, le terme « Swany » avait toujours eu la priorité. Les négociations allèrent bon train toute la journée, mais la question du nom ne put être tranchée et les discussions s'arrêtèrent. Le lendemain, avant l'aube, la solution me vint dans un rêve : la filiale prendrait le nom de « China Swany » en Chine et « Swany China », le nom anglais, partout ailleurs. Après deux jours, nous nous ratifiâmes cette solution de compromis.

Il fallut également nous mettre d'accord sur les ratios de participation. Nous eûmes trois semaines de discussions qui n'aboutirent à rien. J'insistai pour que la partie japonaise prenne une participation majoritaire de 60 %, ce que la partie chinoise refusa catégoriquement. Pendant que les pourparlers se poursuivaient, je visitai l'entreprise japonaise de filature Toyoboshi, qui se développait en Chine. Le président Kobayashi m'avisa du fait qu'en Chine, l'équilibre des relations est un enjeu crucial et qu'il était par suite essentiel d'établir chaque relation sous le signe de la confiance. Fort de ce conseil, je décidai de céder et nous nous mîmes ainsi d'accord sur un investissement à parts égales entre le Japon et la Chine.

Au cours des négociations marathons, je me rendis en Chine à cinq reprises, passant en tout 30 jours en réunion, et nous arrivâmes à un accord portant sur 63 articles. Par la suite, notre société participa aux salons d'investissement de la ville de Kunshan qui eurent lieu à Osaka et à Tokyo.

L'année suivante, l'usine étant prête, le jour de l'inauguration est arrivé. Mon épouse Yoshiko prépara du thé selon la cérémonie japonaise du thé, et dix membres du personnel féminin aidèrent à la bonne tenue du rituel. Le président et Mme Mino, le vice-président Ling Zhiwei de la Banque de Chine et d'autres invités dégustèrent le thé vert de ma femme, tandis que les médias se pressaient autour.

L'évènement fut en soi un vrai festival de culture japonaise. Qu'on en juge : 400 boîtes à lunch contenant des mets traditionnels japonais tels que du hareng enveloppé dans du varech, des ustensiles de cérémonie du thé pesant au total 300 kg, une plantation commémorative de 50 cerisiers. Les dépenses pour ce banquet furent tout de même limitées à 300 000 yens, car il nous fallait anticiper sur un éventuel fiasco dans ce pays socialiste peu familier.

Yoshiko Miyoshi exécute la cérémonie du thé japonaise lors de l'inauguration de Swany China, 1985.

Seize ans plus tard, en 2001, l'usine fut installée sur un nouveau site de 12 000 m² à l'angle d'un grand carrefour du centre-ville. En 2003, Swany était au capital chinois à hauteur de six millions de yuans (environ 50 millions de yens).

L'implantation de l'industrie japonaise en Chine trouve son point de départ historique avec la demande d'aide technologique de Deng Xiaoping dans le cadre de son projet de modernisation de l'industrie électronique. C'est le fondateur de Panasonic, Kōnosuke Matsushita, qui répondit le premier. Parmi les grandes entreprises à se développer en Chine, Swany fut la première entreprise détenue par des capitaux étrangers à s'implanter dans la province du Jiangsu. Cependant, en 2019, le nombre d'employés fut réduit à un quart, et Swany s'organise aujourd'hui pour quitter la ville.

Franchir les barrières culturelles

Kunshan, en dépit de ses 500 000 habitants, était une ville d'allure provinciale – entourée de rizières. En 1984, je fus le premier étranger à séjourner à la « Kunshan Guest House ».

La chambre disposait d'une baignoire et d'un lit double, mais le tapis au milieu du sol était sale et couvert de brûlures de cigarettes. L'eau de la baignoire était trouble, boueuse et de couleur rouille, si bien qu'on ne voyait le fond de la baignoire qu'à grand-peine. Le tarif pour une nuit était de 15 yuans (environ 2 700 yens), mais les étrangers devaient payer avec des « certificats de devises » (ces certificats pouvaient être utilisés pour acheter des produits importés et, sur le marché noir, valaient 50 à 80 % de plus que leur valeur nominale).

Il n'y avait ni clé ni intimité. Un matin, allongé nu sur mon lit pour faire ma gymnastique Nishi-shiki habituelle (voir partie 3) quelle ne fut pas ma surprise de remarquer qu'une des femmes du personnel m'observait.

La chaudière de l'hôtel s'arrêtait à huit heures du soir, et il n'y avait plus d'eau chaude pour se laver après. Je dus un moment demander à une membre du personnel de m'apporter dix pots d'eau chaude de la cuisine. Lorsque je lui proposai un billet de 1 000 yens en guise de pourboire, elle regarda le billet, le retournant et le tenant à la lumière, mais ne voulut pas le prendre. Lorsque je lui montrai un billet d'un dollar que j'avais trouvé dans mon portefeuille, son visage s'éclaira et elle l'accepta. Elle me fit remarquer que j'utilisais beaucoup d'eau : ils ne consommaient jamais plus d'un pot rempli par lavage.

De l'encens antimoustique était fourni, mais la fumée qu'il générait était si épaisse qu'il me fut impossible de trouver le sommeil. De guerre lasse, je renonçai à l'usage de cet encens et je laissais les moustiques me piquer. Et pendant qu'ils se nourrissaient de ma chair, je les frappais avec la paume de ma main, un par un, avant de sombrer dans un lourd sommeil. C'est quatre ou cinq ans plus tard que l'antimoustique électrique « Vape » arriva sur le marché.

En raison de mes antécédents de polio, mes pieds étaient particulièrement sensibles au froid. Aussi avais-je l'habitude d'emporter avec moi une couverture électrique et un transformateur 220V-100V. Toutefois ce matériel devenait souvent inutile en raison des coupures de courant qui arrivaient souvent la nuit. Parfois, la ville entière était soudain privée d'électricité. La distribution d'électricité alternait selon sept districts et les jours de la semaine. Or le jour où c'était au tour de notre secteur d'être coupé, Swany faisait relâche.

Tout le monde dans les rues de la ville grise portait des « vestes Mao » et aucune femme ne se maquillait. Tout était rationné : la nourriture, le savon, les tissus et même les allumettes. Il fallait des coupons pour acheter chaque produit. La superficie moyenne d'une maison dans la ville était de 30 m², avec des toilettes et une douche communes (en 2017, elle était de 57 m² avec des toilettes).

Le petit-déjeuner servi à la maison d'hôtes était composé d'un délicieux plat de gruau de riz et de moutarde chinoise marinée assorti de légumes verts frits et de nouilles frites. Il y avait aussi des *pidan*, des œufs de canard fermentés, dont je trouvais pour ma part la saveur un peu trop âpre.

Dans mon restaurant préféré en ville, on m'accueillait toujours à bras ouvert. On débarrassait les restes du repas du client précédent et je m'installais pour commander du riz frit, qui coûtait 1,5 yuan (environ 60 yens), un plat simple et savoureux.

Dans le hall de l'étage supérieur de la maison d'hôtes, je regardai le téléfilm japonais *Oshin*, l'histoire d'une jeune fille du début du 20e siècle et des épreuves que celle-ci a dû surmonter toute sa vie pour arriver à fonder une entreprise de supermarché prospère. Je me souviens notamment de l'épisode où Oshin, jouée par Ayako Kobayashi, 10 ans, est envoyée sur un radeau sur la rivière Mogami pour travailler comme servante dans un autre village. À l'époque, peu de gens en Chine avaient la télévision, et une bonne centaine de personnes du voisinage affluaient dans le hall pour profiter du programme. J'eus même un moment peur que le plancher ne cède sous leur poids. *Oshin* était extrêmement populaire en Chine comme au Japon.

Confrontation

Nous commençâmes la production à l'usine de Kunshan en février 1985, avec une équipe de cinq dirigeants conduite par le directeur général Tōru Mitsunaka envoyé spécialement du Japon.

Sept mois plus tard, on m'informa qu'une centaine d'ouvriers avaient entamé une grève. Les grévistes faisaient des siestes en pleine journée. Je pris un vol pour la Chine séance tenante et, en arrivant sur place, je trouvai les ouvriers vautrés sur une pile de matériaux. Ils me regardaient l'air hagard. Ils avaient l'air de se demander qui je pouvais bien être. Je m'entretins de la situation directement avec le directeur Xuan Binglong. Mais celui-ci était formel : aucune procédure de licenciement n'était, en l'état, envisageable. J'insistai en faisant valoir qu'il était sûrement prévu dans le contrat une clause rendant le licenciement possible. Mais je n'obtins rien de probant.

Je demandai alors à mon jeune frère et directeur exécutif senior Asao de venir en renfort au siège. La tâche était ardue, mais il accepta pour sauver l'entreprise de l'effondrement.

Nous empilâmes alors des palettes sur un mètre dans l'usine, et Asao monta dessus pour faire le guet. Cela permit dans un premier temps d'enrayer l'épidémie de sieste. Mais les ouvriers ne mettaient plus de cœur à l'ouvrage. Ils se contentaient de promener leur regard dans le vague autour d'eux.

Lors de l'inauguration de Swany China. De gauche à droite : Mitsunaka, Xuan, Xu (interprète), l'auteur.

Au cours de cette période, les ouvriers qui venaient tous au travail à vélo bloquaient l'entrée de l'abri à bicyclettes en y entassant leurs vélos. Asao a alors cadenassé les bicyclettes à l'entrée et est retourné à son logement. Ne pouvant rentrer chez eux, les ouvriers cédèrent et dès le lendemain matin, ils garèrent leurs vélos correctement dans l'abri.

Le travail ne se déroulait pas dans de bonnes conditions. Je me rendis en Chine tous les mois. J'eus des réunions de travail avec le président du conseil d'administration Xuan de la zone de développement, mais nous n'enregistrions aucun progrès notable. L'année touchait à sa fin et les finances de la filiale accusaient un important déficit. En janvier, la première réunion du conseil d'administration se tint, et, avec le directeur général Mitsunaka, je me préparai à une confrontation. Nos adversaires étaient le président du conseil et une dizaine d'autres personnes de la zone de développement.

Mes exigences étaient, dans l'immédiat, de confier la gestion à la partie japonaise, d'introduire un système de rémunération par commission et de licencier les 100 agents grévistes. Les deux premières demandes furent satisfaites en deux jours, mais le soir du deuxième jour, les pourparlers échouèrent sur la question des licenciements.

Le président du conseil d'administration Xuan prit la parole. Il expliqua qu'ils devaient suivre, en Chine, le bon sens chinois. Les licenciements étaient donc hors de question. Il tapait du poing sur la table. Et je lui répondais en criant que leur fameux bon sens chinois était en fait totalement dépourvu de sens. Tout le monde se tut alors. Je lui avais fait perdre la face, ce que les Chinois détestent. Nous quittâmes toutefois la réunion sur un accord : il nous faudrait reprendre la discussion entre nous.

Plusieurs heures plus tard, la réunion repartit sur de nouvelles bases. Les directeurs chinois proposèrent un compromis, seuls 50 membres du personnel seraient licenciés. Je le refusai aussi net. Il était pour moi hors de question de garder un seul employé qui ne travaille pas. Au terme d'un nouveau round de négociation, le nombre fut porté à 75. C'était prévisible.

Une semaine passa et sans que la situation s'améliore. Je faisais avec. Dès la deuxième semaine, certains employés commencèrent à montrer plus d'ardeur à la tâche. Ils savaient que leurs salaires augmenteraient de 20 à 30 % en raison de la rémunération à la commission que je venais d'introduire. Tout à coup, tous commencèrent à travailler sérieusement, et plus de la moitié d'entre eux se présentèrent à sept heures alors que le travail ne commençait pas avant huit heures. Voilà qu'ils allaient même en courant aux toilettes. Nous recouvrâmes ainsi nos pertes en deux ans. Nous avions surmonté le premier grand obstacle.

Cependant, le mur de la maison du président du conseil d'administration Xuan fut un jour recouvert de menaces de mort écrites avec du sang.

Le journal de mon frère

Mon frère Asao tint un journal, qui donne un assez bon aperçu de la vie à Kunshan. En voici quelques extraits :

> Je partis en Chine pour la première fois de ma vie. J'avais le cœur lourd en partant. Je ne connaissais pas la langue et je manquais de confiance en moi. Je ne pouvais pas décemment court-circuiter le directeur général Mitsunaka, et l'aurais-je fait qu'il aurait probablement démissionné. Ce qui était clair, c'est que sur trois usines en Corée, une avait fermé et les deux autres étaient dans le rouge, et si nous ne réussissions pas en Chine, ce serait la fin pour Swany.

Dans les quartiers d'habitation nouvellement construits pour les Japonais, les rats nous couraient sur le visage pendant que nous dormions, et lorsque nous nous levions, c'était pour fouler les insectes éparpillés autour de nos lits comme autant de graines de sésame noir. Nous fermâmes les protections des fenêtres et nous installâmes des moustiquaires. Les insectes trouvèrent toutefois un moyen de se faufiler à travers les fissures. Il y avait des morceaux de ciment collés à l'intérieur de la baignoire, qui nous irritaient la peau du dos.

La grève à l'usine était reconduite chaque jour, et personne ne prêtait attention aux instructions. Si vous leur disiez de regarder à droite, ils regardaient à gauche. Ils enroulaient le tissu des gants et dormaient dessus, et lorsque vous les grondiez, ils vous lançaient un regard las en se levant lentement. Ils commençaient à nettoyer vers trois heures et demie et attendaient la cloche de cinq heures en jacassant entre eux.

Mitsunaka était mon cadet à l'université de Waseda, et j'avais travaillé avec lui depuis la Corée. Si le personnel se retournait contre moi, je pouvais simplement retourner au Japon, et j'étais déterminé à faire ce que je pouvais, même si cela signifiait de ne pas être apprécié.

Le dimanche, j'invitai Takahiro Tanaka et Hidenobu Mitani à traverser le canal avec nos bicyclettes pour aller pêcher. De l'autre côté du canal, une ouvrière, Zhang Fengyi, nous offrit le déjeuner, et nous ne pûmes refuser son hospitalité. Le riz était cuit dans l'eau du canal, et manger ce riz nous revigorait. Sur le chemin du retour, elle nous offrit des légumes et une demi-douzaine d'œufs.

Sa mère était encore jeune (45 ans) et avait de beaux traits, mais son ton était terne et son visage ridé. J'étais étonné de voir à quel point le travail dans les champs avait fripé son épiderme. J'eus soudain de la peine pour elle, en pensant à la vie difficile qu'elle avait eue.

Le bateau qui traverse le canal coûte six *fen* (six centièmes de yuan, environ 2 yens). Un demi-kilo de riz coûtait 15 *fen* (environ 7 yens), une bicyclette coûtait 200 yuans (environ 8 000 yens) et une télévision coûtait 100 yuans (environ 4 000 yens). Les produits agricoles étaient bon marché, tandis que les produits industriels étaient chers.

Percée dans le nord-est de la Chine

Depuis la création de Swany China, je recevais, à chacun de mes séjours en Chine, une invitation de Wu Kequan, le gouverneur du comté de Kunshan. Je lui demandai de me présenter des diplômés ayant étudié le japonais à l'université. Il accepta de m'aider, mais rien n'aboutit. Le directeur général Mitsunaka, bien qu'ayant suivi des cours intensifs de chinois à l'école Berlitz, n'était pas encore à même de dialoguer.

Trois ans plus tard, j'étais avec le gouverneur du comté, et, alors qu'il venait de quitter son siège, l'interprète me dit qu'il n'y avait que six personnes (soit 1 % des employés du gouvernement du comté) qui étaient diplômées de l'université. Je lui demandai alors s'il existait d'autres districts qui comptaient des diplômés en japonais à recruter. Et il y avait bien un lieu en effet ; il s'agissait de la ville de Dongguan, située juste au nord de Hong Kong. Je décidai de m'y rendre toute affaire cessante.

Je visitai des usines fabriquant des chaussettes, des jouets… et j'appris que dans chaque entreprise, il y avait plusieurs cadres supérieurs qui parlaient japonais. Le patron me dit que publier une annonce dans la presse nationale permettait d'attirer de nombreux candidats en provenance des trois provinces du nord-est. Ceux-ci prenaient le train pour un voyage qui durait une semaine entière. En effet, à Harbin, la capitale de la province du Heilongjiang, on dénombra bien quatre universités disposant de départements de japonais, mais nulle entreprise japonaise.

Sur ce, j'allai directement à l'aéroport. Je pris un aller simple pour Harbin et je m'envolai vers le nord-est via Shanghai. À l'aéroport, il n'y avait que quatre taxis. J'obtins là, pour 350 yuans (environ 14 000 yens), une course pour la journée. Le taxi était délabré ; son plancher était perforé et je pouvais voir la route défiler à travers… Je devais également empoigner la portière pour contenir le vacarme de ses vibrations.

Je visitai sans rendez-vous l'Institut de technologie de Harbin, la Faculté de Médecine de Harbin, la Faculté des sciences et de technologie de Harbin et l'École normale de Harbin. Sans surprise, j'appris lors de ma visite que ces quatre institutions n'avaient jamais encore jusque-là été approchées par un employeur japonais. Dans la salle du personnel, je leur exposai en détail les avantages liés au poste que nous proposions : un salaire mensuel de 700 yuans (environ 27 000 yens) et un logement de fonction notamment. Les chefs de service japonais m'écoutèrent attentivement. L'un d'entre eux me chuchota à l'oreille pour garder son propos confidentiel : « Ne vous occupez pas des étudiants, vous avez un travail pour moi ? »

J'invitai à dîner le chef de département Jin, de l'Institut de technologie de Harbin, et je déclinai gentiment sa candidature : une période d'essai de trois ans en usine était nécessaire. Il me rendit toutefois un service inestimable en m'accompagnant aux bureaux du journal Heilongjiang pour m'aider à publier une annonce de format B5 traduite en chinois.

L'annonce eut un impact considérable : en deux mois, nous reçûmes 55 candidatures pour des postes à pourvoir à Swany China. Nous fixâmes pour les entretiens une date et une heure, et nous convînmes qu'ils auraient lieu à l'hôtel Harbin International.

Je me rendis une nouvelle fois en Chine, et, à l'issue des entretiens, nous recrutâmes Gao Zhangfeng de l'École normale de Harbin, qui maîtrisait le chinois, le japonais, le coréen et l'anglais. Nous procédâmes ainsi à la vérification des références de 21 autres personnes interrogées. Deux mois plus tard, nous reçûmes un rapport précieux de Gao sur les autres candidats.

Nous étions dans l'ancienne Mandchourie. À la fin de la Seconde Guerre mondiale, d'innombrables colons japonais avaient fui cette région, laissant derrière d'innombrables orphelins. Pourquoi l'apprentissage de la langue japonaise suscitait-il un tel intérêt dans cette partie de la Chine, envahie et occupée par le Japon ?

J'y retournai en mars, muni du rapport de Gao. Je me frayai un chemin dans un chaos d'immondices givrées par le froid jusqu'à l'appartement de Huang Yubin, de l'Institut de technologie de Harbin. Une minuscule baignoire se trouvait dans cet appartement. On pouvait s'y assoir au prix de quelques contorsions. Huang me dit qu'il se baignait dans cette baignoire, en faisant bouillir une marmite pleine d'eau qu'il mélangeait ensuite avec de l'eau glacée.

Zhang Taifu, de l'École normale, avait colmaté la porte de chez lui avec de vieux draps pour éviter les courants d'air. Notre offre de logement constituait sans doute le principal motif de sa candidature.

Dans cette ville au froid polaire, avec des températures qui tombaient fréquemment sous les 30 degrés, ce sont donc sept personnes qui furent conviées à l'hôtel pour des entretiens. Au final, en plus de Gao, notre première recrue, nous décidâmes d'embaucher cinq personnes : Zhang Taifu, Kong Shitai de la faculté des sciences et de technologie, Jin Dehua de l'École normale de Mudanjiang, Huang Yubin de l'Institut de technologie de Harbin, et sa femme, de l'École normale.

En arrivant à Kunshan, le site de Swany China, ils demandèrent, en premier lieu, de pouvoir s'allonger. Après avoir voyagé pendant 40 heures dans un wagon de deuxième classe, ils se sentirent faibles et étourdis. Ils ne pouvaient plus rester assis.

Les nouvelles recrues ne s'installèrent pas facilement. Huang devint directeur général de Swany China, et après 12 ans, il déménagea au Canada avec sa famille. La communication s'améliora, mais finalement tous les diplômés universitaires du nord-est partirent, n'ayant joué qu'un rôle de transition. À l'heure actuelle, les postes à responsabilité sont occupés par du personnel local.

Avec le boom continu des investissements en Chine, les candidats à des postes de direction partirent pour des entreprises japonaises d'électricité. Peut-être n'était-ce qu'un signe des temps, peut-être étaient-ils inquiets de l'avenir d'une entreprise dont le chiffre dépendait d'un produit saisonnier – ou peut-être encore doutaient-ils de mes capacités de gestion ?

Focus sur la Chine

En 1988, dans la phase de démarrage de Swany China, je réalisai avec Gao une visite inopinée au gouvernement du comté de Jiashan, dans la province du Zhejiang, à environ une heure et demie de route à l'ouest. Je voulais comparer les conditions d'investissement dans les provinces du

Jiangsu et du Zhejiang. Nous fûmes accueillis chaleureusement et, après trois jours de discussions, nous décidâmes de créer un groupe avec un site de production local. Ainsi « Swany Great Wall » (GW) fut-elle fondée, avec un capital de 1 150 000 dollars (environ 130 millions de yens). La partie japonaise détiendrait 51 % des parts.

Le Coréen Chu Byong su prit le rôle de directeur général. Le salaire moyen était de 4 200 yuans (environ 60 000 yens), les primes au rendement représentant 53 %. À une époque, l'entreprise comptait 400 employés ; il n'en reste plus que la moitié aujourd'hui, mais GW continue de produire annuellement 2,1 millions de paires de gants en tissu et en cuir synthétique, générant un bénéfice de 10 %.

Le superviseur Eiji Hayase rapporta dans le bilan GW de 2018 : « Dans l'industrie, l'automatisation numérique de l'alimentation, de la tension du fil et du réglage de la pression des machines à coudre Juki est en cours de réalisation. Chez GW, cependant, nous utilisons encore des machines à point d'arrêt, et pourtant nos ouvriers peuvent coudre de petites pièces à une vitesse stupéfiante, comme si l'opérateur et la machine ne faisaient qu'un. C'est très impressionnant à voir ».

La même année, en 1988, nous louâmes 10 000 m^2 de terrain à environ deux kilomètres au sud de Swany China à Kunshan. Ainsi naquit « Swany Glove » avec un capital japonais de 1 350 000 dollars. Kim Hyang-jun, également coréen, devint directeur général, et Jin Dehua, de Harbin, directeur général adjoint. L'entreprise, qui comptait à l'époque un effectif de 400 employés, n'en comptait plus que la moitié en 2010. Elle fabriquait des gants en tissu et en cuir ainsi que des gants de golf, cette usine a maintenant fermé ses portes.

En 1989, dans le cadre d'un partenariat industriel avec une société locale, nous créâmes « Swany Taicang » (TG) à Taicang, dans la province de Jiangsu. Shu Jinzhu en devint le directeur général. Par la suite, nous rachetâmes le capital chinois, ce qui fit de cette société une société entièrement japonaise. La masse salariale fut réduite de 320 à 170 employés et l'on planifia de la réduire encore jusqu'à 130 en l'espace de cinq ans. La production annuelle était de 1,3 million de paires.

Une proportion élevée de la production de TG était externalisée, et des gants en cuir usagé, cousus à partir de pièces de cuir préparées au domicile des employés, étaient également fabriqués sur site. La production à faible volume et fortement mélangée fut développée au maximum. Notre lutte pour la rentabilité était alors permanente.

En 2006, nous installâmes l'usine Swany China Qingyang dans la province d'Anhui. Faute de pouvoir recruter les 400 personnes initialement prévues, l'usine démarra avec 150 personnes. Elle en compte aujourd'hui 103. La charge financière de cette usine surdimensionnée est en l'état beaucoup trop lourde pour nous.

La Chine, une superpuissance économique

Le texte qui suit est extrait d'un rapport sur les conditions de la Chine moderne. Ce rapport fut rédigé par le directeur général Tu Zhengdong de Swany China dans *Swany News* :

Un dimanche de 2019, un ami et sa femme vinrent me dire : « Allons à Pékin pour la fête nationale. J'ai refusé leur proposition, disant que j'y étais allé l'année précédente lors du voyage d'entreprise. « Dans ce cas, nous irons juste tous les deux », dirent-ils alors, et ils réservèrent sans attendre des places dans le train à grande vitesse et quatre nuits d'hôtel par smartphone, pour une valeur totale de 4 800 yuans (environ 72 000 yens).

À 8h30 ce matin, ma femme commanda du sel et du lait au supermarché RT-Mart, en payant 53 yuans (environ 800 yens) par Alipay, et les marchandises furent livrées à 10h30. Elle avait également commandé récemment des ustensiles de cuisine pour un montant de 388 yuans (environ 6 000 yens) sur le site d'achat en ligne Taobao, et les marchandises avaient été livrées le lendemain. Les achats d'un montant égal ou supérieur à 39 yuans (environ 600 yens) sont livrés gratuitement. Les factures d'épicerie, d'électricité et même de taxi peuvent être payées par smartphone.

Autrefois, le train pour Shanghai, à environ 65 kilomètres à l'est de Kunshan, prenait une heure, mais aujourd'hui le train à grande vitesse vous y emmène en 18 minutes seulement. De nombreux habitants de Shanghai ont déménagé à Kunshan et se rendent à Shanghai en train.

Plus de 90 % de la population vit dans des appartements nouvellement construits et possède des biens immobiliers. L'enseignement scolaire, de la première année de l'école primaire à la troisième année du collège, est gratuit, et l'assurance couvre 80 % des frais de santé pour les actifs, et 90 % pour les retraités. Ainsi, 40 ans après les réformes économiques de la Chine, un développement rapide a été atteint. La Chine rejoint le rang des superpuissances économiques comme les États-Unis et le Japon et attire l'attention du monde entier. Elle est encore en développement, mais la Chine du futur sera sûrement une superpuissance économique digne de ce nom.

Manifestations anti-japonaises

En revenant quelques années en arrière, en 2012, lorsque les relations sino-japonaises étaient tendues au sujet de la souveraineté des îles Senkaku (Diaoyu), le directeur général Mitsunaka écrit dans *Swany News* :

J'ai mes habitudes au Ajisato, un restaurant japonais situé dans le centre de Kunshan. On trouve, au voisinage de ce restaurant, des bars, des cantines et des marchands de nouilles japonaises. Le 15 septembre, ces commerces furent vandalisés par une foule de jeunes gens en colère, ce qui n'était jamais arrivé auparavant. La gérante d'Ajisato eut la présence d'esprit de placarder un drapeau chinois sur la porte de son établissement, évitant ainsi sans doute d'être prise pour cible.

Les quelques enseignes nippones de la ville tirèrent le rideau, et la police avisa les ressortissants japonais de rester confinés chez eux. Nous fûmes ainsi réduits à faire profil bas, à la plus grande vigilance, et à ne plus sortir de chez nous qu'en cas de nécessité impérieuse. Dans la salle d'exposition Toyota située non loin, plusieurs voitures subirent des dégradations. En tant que Japonais associé à la Chine depuis près de 30 ans, ces évènements sont pour moi source d'une grande tristesse.

C'est une simple annonce qui avait mis le feu aux poudres : le gouverneur de Tokyo, Shintarō Ishihara avait publiquement fait savoir que la métropole de Tokyo allait acheter les îles Senkaku. Il ne s'est jamais exprimé depuis sur ces évènements. J'aimerais savoir ce qu'il en pense aujourd'hui. Depuis le 13 septembre, on peut lire une affiche sur la porte du centre des impôts de Kunshan : « Interdit aux chiens et aux Japonais ». J'espère sincèrement que la sagesse chinoise dénouera vite cette situation.

Pénétrer le marché chinois

En 1993, avec Gao, je me rendis à Pékin et dans les villes du nord-est du pays, Shenyang, Changchun et Harbin.

À Pékin, je fis ma première rencontre avec une acheteuse au rayon gants du grand magasin de Pékin, dans la rue Wangfujing. Elle manifesta de l'intérêt pour nos gants en peau de mouton et en peau de porc hommes et femmes, ainsi que pour nos moufles de luxe enfants. Elle me remercia d'avoir fait le déplacement jusqu'à elle et me confia que j'étais le premier gantier japonais dont elle recevait la visite. Des commandes pour 800 paires furent enregistrées à cette occasion. À Pékin, nous visitâmes six détaillants, dont le centre commercial Xirong et le centre commercial Baode.

En une semaine, nous couvrîmes ainsi 21 grands magasins dans quatre villes. La moitié d'entre ces différentes enseignes nous passèrent commande, pour un total de 12 000 paires. Avec 30 %, notre marge bénéficiaire était faible (dans d'autres pays, elle était généralement de 40 à 60 %). Mais le plus gros problème était de se faire payer.

Nous prîmes le train de Pékin à Shenyang, dans la province du Liaoning. Le voyage ne fut pas des plus confortables, entre la foule en gare de Pékin où nous dûmes faire la queue une heure et demie pour acheter nos billets, et le train de six heures bondé au point de rendre impossible le voyage jusqu'aux toilettes… La conductrice me laissa utiliser son lit jusqu'à Shenyang en échange de 10 yuans (environ 160 yens). Nous arrivâmes à la nuit tombée. À Shenyang, nous allâmes voir cinq détaillants, dont Shenyang Shangyecheng, fort de ses marques de qualité, et Xiwu Baihuo, réputé pour son service. Aujourd'hui encore, d'anciens bâtiments administratifs et commerciaux datant de la période coloniale japonaise subsistent dans le paysage urbain où ils semblent retrouver une nouvelle vie. La ville dans son ensemble est un musée vivant du patrimoine historique.

L'étape suivante fut Changchun, dans la province de Jilin. Gao nous trouva des billets, mais une fois dans le train, nous réalisâmes qu'il n'y avait plus de place assise. Le train était plein à craquer. Nous nous frayâmes un chemin jusqu'au wagon de première classe. Gao sollicita l'attention des passagers. Il demanda à la ronde : « Quelqu'un voudrait-il céder son billet à un Japonais handicapé. Nous vous en donnerons trois fois son prix ». Un passager accepta d'échanger son billet avec moi, et je pus m'asseoir. À Changchun, nous visitâmes cinq détaillants, dont Baihuo Dalou et Guoji Maoyi.

Harbin fut notre dernière destination. La ville se trouve à 300 kilomètres au nord de Changchun. C'était ma quatrième visite. Gao usa de tact et put m'obtenir un siège dans le train. Nous visitâmes cinq détaillants, dont Hualian et Qiulin. À l'époque, ces deux enseignes étaient plutôt prospères, mais elles semblent désormais pâtir de la concurrence des sites de vente en ligne tels que Taobao et Xiaomi.

La ville avait été bâtie par l'Empire russe et présente des traits européens, avec ses rues pavées, ses églises orthodoxes, et ses avenues bordées d'acacias. Elle fut un temps surnommée le « Paris de l'Orient ». Le Japon prend également toute sa part dans l'histoire de Harbin. La ville fut le théâtre de l'assassinat en 1909 d'Itō Hirobumi, le résident général japonais de Corée. C'est également à Harbin que d'horribles expériences humaines furent menées par la tristement célèbre Unité 731, le centre de recherche secret de l'armée impériale japonaise en matière de guerre biologique lors de la Seconde Guerre mondiale.

J'achetai un panier-repas à la gare pour 2,5 yuans (environ 40 yens), mais j'eus du mal à terminer. Les poivrons à l'étouffée avaient un goût aigre assez suspect. Le reste du plat était composé de riz parsemé de cacahuètes et calamar. J'ai fait un effort pour finir, mais j'avais la désagréable impression de mâcher du sable. Je trouvai trois petits cailloux, sans doute n'avaient-ils pas l'outillage pour filtrer les cailloux du riz. Takahiro Tanaka, un collègue japonais venu travailler chez Swany China, se cassa quant à lui une dent de devant sur un caillou.

Comme je l'ai mentionné plus haut, la marge bénéficiaire est réduite de moitié par rapport à celle des pays occidentaux et les détaillants travaillent à la commission, ce qui rend le marché peu praticable. Avec un coût de la main-d'œuvre cinq fois inférieur, les entreprises chinoises locales étaient évidemment plus compétitives que les entreprises japonaises, et, comme je l'ai également mentionné plus haut, nous devions également faire face à des problèmes de recouvrement des paiements. En fin de compte, au terme d'une deuxième campagne commerciale, je décidai de faire une croix sur le marché intérieur chinois.

Vers l'Asie du Sud-Est

L'attractivité du personnel constitue également un problème de taille dans un contexte de développement fulgurant tel que celui de la Chine. Nous n'arrivions pas à garder nos employés. En 2011, nous avons donc démarré la production au Cambodge. « Swany Cambodia » fut ainsi fondée dans le bassin industriel de Tai Seng Bavet, situé à deux heures de route environ de Ho Chi Minh Ville, de l'autre côté de la frontière vietnamienne. Avec un capital de 3 millions de dollars (environ 300 millions de yens), Swany Cambodia commença à produire des gants en tissu avec un effectif de 300 personnes.

Le personnel était payé en moyenne 192 dollars (environ 20 000 yens) avec les primes au rendement, auxquels s'ajoutaient la rémunération des heures supplémentaires, les indemnités de présence et les frais de déplacement. Le nombre d'employés recevant des primes au rendement supérieures au salaire fixe était faible, soit 10 %, contre 90 % en Chine, ce qui constituait un problème. Le premier président était Sakuji Imataki, qui passa le relais au nouveau président, Yasushi Okudai.

Le Cambodge est bordé par la Thaïlande à l'ouest, le Vietnam à l'est et le Laos au nord. Environ 15 millions de personnes vivent sur une superficie représentant environ 80 % de l'île principale du Japon. La langue parlée est le khmer, dont certains disent qu'elle est la langue la plus difficile à apprendre au monde.

La nécessité d'organiser le transport du personnel de différents quartiers, une langue diaboliquement difficile, une productivité inférieure d'au moins 20 % à celle des autres pays, l'obligation de s'approvisionner en matériel via le Vietnam, des transports lents et coûteux, toutes ces raisons firent qu'il nous fallut pas moins de huit ans pour atteindre le seuil de rentabilité. L'augmentation de la productivité, malgré la pandémie de coronavirus, a engendré des gains substantiels.

La nécessité d'assurer le transport du personnel rend difficile l'offre d'heures supplémentaires. La prononciation et la grammaire du khmer sont toutes deux difficiles à maîtriser, et d'autres entreprises japonaises ont adopté la solution d'enseigner le japonais au personnel local. Par exemple, les Cambodgiens comptent d'un à cinq comme nous, mais six est cinq plus un, sept est cinq plus deux, et ainsi de suite, ce qui crée une confusion. La productivité est entravée par les nombreux jours fériés : 23 par an.

Le régime de Pol Pot avait entraîné la mort d'environ trois millions de personnes par la famine et la torture. Avec le retour de la paix après cette période sombre, le pays put toutefois assurer son redressement économique et son autonomie.

Nous avons investi 500 000 dollars dans l'usine vietnamienne de la société taïwanaise Well Mart, où nous fabriquons des gants de ski en tissu, en cuir synthétique et en cuir véritable. Il y a 430 employés, et le salaire mensuel moyen est d'environ 300 dollars (environ 30 000 yens), avec des primes au rendement supplémentaires. En dehors du Nouvel An lunaire, il n'y a que cinq jours fériés par an. Les employés sont qualifiés et travailleurs, et la qualité est au rendez-vous. Le directeur adjoint Kenji Okumura est actuellement en charge de la production et du contrôle-qualité.

Nous sous-traitons également en Indonésie, où la main-d'œuvre est jeune, et les expéditions vers le Japon ne prennent pas plus de deux semaines. Les produits fabriqués ici comprennent des gants de golf, de frappe, de pêche et de ski.

6. Percée

Faire confiance aux jeunes

Nous envoyâmes Tōru Mitsunaka, diplômé de l'université de Waseda en 1979, travailler chez Swany Corée pendant trois ans et demi, puis nous l'envoyâmes à JAIMS, l'institut de formation au management de Fujitsu à Hawaï, pendant six mois. Il devint ensuite le premier directeur général de Swany China, à l'âge de 27 ans, et ses efforts contribuèrent à conduire l'entreprise au succès. Son expérience en matière de gestion de crise fut précieuse pour diriger cette grande famille de 400 personnes.

En 1988, je créai Swany Great Wall dans le comté de Jiashan, dans la province du Zhejiang, près de Shanghai. L'année suivante, le directeur général Mitsunaka entama un cycle de négociations avec les dirigeants de la ville de Kunshan, dans la province du Jiangsu. Il fit ainsi naître Swany Glove, la première entreprise entièrement japonaise de la province. Une simple signature de ma part permit de la faire advenir. Et en 1990, Swany Taicang fut créée à Taicang, également près de Shanghai. Ce fut cette fois Mitsunaka qui signa en mes lieu et place.

Il s'occupa des matériaux, du personnel et de la gestion des quatre entreprises chinoises, et depuis 2015, il réside au Cambodge.

Chu Byong su avait 35 ans lorsqu'il prit le poste de directeur général de Swany Great Wall, et Shu Jinzhu avait 33 ans lorsqu'il commença à travailler comme directeur général de Swany Taicang. Isamu Hasegawa avait 27 ans lorsqu'il devint PDG de Swany America.

Ces jeunes hommes prirent la responsabilité de la gestion de nos filiales à un âge inimaginable dans la plupart des entreprises. Il peut paraître risqué de nommer ainsi des responsables à un âge si précoce ; j'étais néanmoins persuadé que ces derniers, une fois en poste, ne manqueraient pas de développer rapidement tout leur potentiel.

C'est ainsi que ces jeunes recrues furent formées et intégrées à des postes clés de l'entreprise. Mais, en réalité, c'est la confiance que nous avions en eux qui guida, en dernier ressort, notre choix.

Mes successeurs

En 1992, ma plus jeune fille Yasuko nous présenta son petit ami. Il s'appelait Tsukasa Itano et elle avait fait sa connaissance à Naka Shoji à Takamatsu, société commerciale où elle travaillait à l'époque. Notre rôle de parents n'étant certainement pas d'entraver le bonheur de notre fille, Yoshiko et moi leur donnâmes notre bénédiction.

Chez Naka Shoji, Itano avait appris les ficelles du métier de fabricant de kimonos, et s'était armé en quelques années d'une solide expérience en matière de gestion. Il aimait dire qu'il avait ainsi pu apprendre l'importance de l'ingéniosité et de la frugalité, des vertus typiquement japonaises popularisées par les écrits de Ihara Saikaku, auteur bien connu du 17e siècle.

En fréquentant Tsukasa plus assidûment, je pus mieux réaliser sa passion pour les affaires et son intuition du marché. Aussi l'invitai-je à embarquer dans l'aventure en qualité de successeur potentiel de Swany. Il rejoignit l'entreprise en 1993 et travailla tout d'abord pour Swany China, puis, l'année suivante, au sein de la division mode. En 2000, il devint superviseur, puis en 2004 chef de division, et enfin en 2007 directeur exécutif junior. En 2009, je lui cédai le fauteuil de président.

Rassemblement pour marquer le changement de président de Swany (quatrième à partir de la gauche : l'auteur, cinquième à partir de la gauche : le président Itano, sixième à partir de la droite : le directeur exécutif Kawakita), 2009

La société poursuivit sa bonne trajectoire économique. En 2019, nous sortîmes une gamme de gants de loisir de style américain et, au Man Show de Paris, notre stand fut particulièrement animé. Nos gants suscitèrent l'enthousiasme des acheteurs des grands magasins européens, et les ventes aux grands magasins japonais augmentèrent de manière significative. Fumi Ueda, qui est depuis cinq ans avec nous, prit la direction du recrutement avec un plan pour l'avenir. Une équipe de recrutement composée de six personnes d'une moyenne d'âge de 30 ans fut mise en place par ses soins pour accompagner les diplômés et leur faire ainsi découvrir la vie des employés, le « cœur de Swany ». Les résultats sont, pour l'heure, probants.

Sont ainsi actuellement en phase de développement : un système d'évaluation du personnel, qui regarde essentiellement au degré de contribution, un système de « congés de récupération », allouant

50 000 yens pour chaque employé prenant des congés payés, et une allocation dédiée à la subvention de 12 cercles de loisirs (comprenant la musique légère, le golf et la pêche). En outre, un programme de soutien à la formation personnelle a été mis en place, incluant la conversation en ligne en langue anglaise, l'informatique et la comptabilité.

L'épanouissement et la réussite personnelle et professionnelle, par l'harmonisation des valeurs de l'individu et des valeurs de l'organisation, constituent le dessein ultime de ces initiatives. La motivation de l'ensemble du personnel demeurant la meilleure garantie d'une véritable satisfaction client.

Anticiper les processus du point de vue du client

Anticiper les processus du point de vue du client consiste à travailler en ayant toujours à l'esprit le processus suivant, en s'efforçant de faciliter l'étape suivante pour chaque phase de la production. Pour donner une image, c'est comme laisser la salle de bain propre pour le prochain utilisateur. Pour moi, qui ai voyagé dans le monde entier pour vendre des gants Swany, il s'agit essentiellement de réfléchir aux modalités de traitement des négociations à venir avec les clients.

Ainsi lorsqu'un jour Milton d'Avon Glove exigea de notre part une baisse de prix, je lui demandai en retour de modifier le contenu d'une douzaine de paires : en passant de deux paires de S, quatre paires de M, quatre paires de L et deux paires de XL à six paires de M et six paires de XL, en sorte que je pus consentir à une réduction de prix de 1 %. Cet accord fut validé sur le long terme et entraîna une amélioration de la productivité, amélioration qui fit plus que compenser, par ailleurs, la légère augmentation en quantité de matériaux utilisés.

De nombreuses variables doivent être prises en compte dans la fabrication des gants, notamment l'extensibilité du matériau, la complexité de la décoration, les techniques de couture utilisées pour l'assemblage des gants et du pourtour des poignets, la souplesse du caoutchouc, la forme générale, etc. La productivité me préoccupait presque autant que l'obtention de commandes.

À Swany China, nous eûmes un défi de taille à relever : fabriquer 691 paires pour un client donné, assorti de clous et d'un motif imprimé au dos. La couture devait être soigneusement réalisée pour ne pas déparer l'impression. Ces diverses contraintes eurent pour effet de freiner le processus, et de faire chuter le rendement de deux tiers.

À Swany Great Wall, il fallut gérer une commande complexe de 30 ou 40 000 paires de gants en cuir synthétique pour un autre client. La commande comprenait 30 modèles en cinq couleurs et cinq tailles. Pour chaque type, 17 matrices étaient nécessaires. Avec des prix de vente faibles, et une exigence de qualité élevée, les agents à la manœuvre trouvèrent l'opération plutôt laborieuse. Nous eûmes également besoin d'étiquettes de prix, d'étiquettes de taille et d'étiquettes de matériau et de qualité – autant d'impondérables qui ne manquèrent pas d'alourdir la charge de travail.

À Swany Taicang, nous nous confrontâmes à une autre tâche particulièrement ardue : 100 000 paires à fabriquer par an, à partir de cuir recyclé. Nous devions trier le cuir en fonction de sa teneur en huile, de sa couleur et de sa taille, en faisant correspondre les couleurs de gauche à droite, et le nombre de pièces obtenues diminuait d'un tiers. La couture était parfois interrompue lorsqu'il fallait assouplir le cuir dur en le frappant avec des marteaux. Il est difficile d'imaginer que cela se produise de nos jours, mais pour nous éviter de nous retrouver dans le rouge, le personnel emportait même du travail à la maison, sans heures supplémentaires à la clé.

En effet, la négociation avec les clients constitue un moment déterminant : avec une incidence sur les bénéfices ou la survenue de davantage de difficultés. L'extensibilité du matériau varie à l'infini, et une légère erreur de couture décorative peut provoquer le chaos dans toute l'usine. En outre, les exigences de conformité à des normes diverses et variées deviennent plus strictes d'année en année.

Les crises, en usine, surviennent la plupart du temps, dans la gestion de réception de commandes. Il n'est jamais aisé de s'adresser ouvertement à un cadre commercial lorsqu'il est un supérieur hiérarchique. Le directeur exécutif junior Hiroyoshi Iwazawa, qui quitta l'entreprise en 2004 alors qu'il était encore jeune pour s'occuper de sa femme, déclara à ce propos, lors de son départ, que les cadres ne comprenaient pas les problèmes rencontrés par le personnel de l'usine. Ces paroles me marquèrent à tout jamais.

250 mètres de natation par jour

Alors que je venais de commencer à faire affaire avec Dorfman à San Francisco, j'étais à l'hôtel de l'aéroport, incapable de dormir à cause du décalage horaire. J'avais enveloppé le téléphone dans une couverture pour ne pas être dérangé dans la nuit et je venais de réussir à m'endormir lorsque j'ai entendu quelqu'un frapper à la porte de ma chambre. Le PDG Hyman était là, me disant qu'il était déjà dix heures du matin. Je me souviens très bien qu'il m'a vanté les mérites de la natation comme étant la forme de rééducation la plus efficace pour les personnes atteintes de polio.

M. Chiodi, en Italie, m'avait dit la même chose. Ainsi, à mon retour au Japon, je commençai à nager dans la mer bordant notre domicile. Je fis des marques à la peinture blanche tous les 50 mètres sur la digue, et, ainsi, entre mai et novembre, je pus parcourir 150 mètres le long de la côte vers l'ouest et inversement. Rien n'est comparable à la sensation de bien-être que procure la nage.

En mai, l'eau était glaciale, mais je faisais l'effort de la supporter pour me renforcer. L'eau devenait progressivement plus confortable au fil des mois, atteignant son point le plus chaud en septembre. Même le mois d'octobre était étonnamment chaud et, comme je l'appris, l'eau en novembre était encore agréable par rapport au mois de mai. Nager dans la mer n'allait toutefois pas sans certains dangers. En raison de la faiblesse de ma jambe droite, le crawl demeure pour moi la seule nage vraiment praticable. Une fois, alors que je ne regardais pas suffisamment devant moi en nageant, j'entrai en collision avec une pièce de bois massive sertie d'un clou contondant. J'en fus assez sérieusement atteint à l'épaule.

Je fis donc construire, afin de sécuriser ma pratique, une piscine pour 1 500 000 yens. Sur le site de l'ancienne usine, au sud de notre maison, je fis creuser par ailleurs un bassin entièrement vitré de 1,5 mètre de large, 1 mètre de profondeur et 12,5 mètres de long. Tous les matins, à sept heures, je me rendais dans ma piscine et je fis dix longueurs dans chaque sens, soit 250 mètres. Je passais 15 minutes à l'eau. En comptant le séchage, le lissage des cheveux et l'habillage, la session me prenait une demi-heure en tout.

Je me suis astreint à cette routine sportive pendant 14 ans, jusqu'à ce que je passe à la gymnastique Nishi-shiki. Pendant cette période, j'ai tenté à trois reprises de couvrir 1 500 mètres (60 longueurs dans chaque sens). En voulant ainsi tester mes limites, j'épuisai mon organisme. Je respectai toutefois scrupuleusement les temps de récupération nécessaires. Quoi qu'il en soit, ces efforts me permirent de transcender mon handicap, et, malgré mon syndrome post-polio, je marche encore à ce jour, à l'âge de 81 ans, avec un sac Swany dans chaque main pour me maintenir. Je ne sais pas combien de temps encore je pourrai conserver l'usage de mes jambes ; je suis toutefois reconnaissant de disposer d'une force dans les bras sans doute supérieure à la moyenne.

L'athlète japonais Hironoshin Furuhashi nagea 1 500 mètres en 18 minutes et 19 secondes lors des championnats américains de 1949, ce qui lui a valu le surnom de « poisson volant de Fujiyama ». C'était environ cinq fois plus rapide que les 90 minutes que j'ai réussies. Mon incapacité à nager plus vite était due à la faiblesse de ma jambe droite, même si la force de mes bras compensait considérablement.

Tourbillon de faillites

J'étais encore très jeune lorsqu'un de nos clients, Ichiba Shoji, fit faillite. Une réunion d'une vingtaine de créanciers se tint chez nous à cette occasion. À un moment de la réunion, le patron d'une entreprise qui comptait parmi les plus gros créanciers prit un sabre japonais et le plaça devant le président d'Ichiba Shoji. « Prends ça et meurs ! » lui dit-il. Le spectacle de ce pauvre homme rampant au sol et suppliant pour sa vie me glaça le sang. Je sentis mon scrotum se contracter d'un seul coup. Rien n'est plus cruel pour un homme d'affaires que de faire faillite !

En 1975, l'année où nous transférâmes la production en Corée, nous recherchions à transformer notre activité au Japon. La société commerciale Nichimen nous proposa une activité dans le domaine du bowling, qui était en plein essor à l'époque. Mon père présidait alors l'entreprise. Il acheta 1 500 *tsubo* (environ 5 000 m²) de terrain à Wakimachi, dans la préfecture de Tokushima, et investit plus de 300 millions de yens dans un bowling qui ouvrit sous le nom de « Swany Wakimachi ».

Le bowling faisait le plein tous les jours, et mon père était aux anges. Il essaya ensuite de réitérer ce succès en ouvrant un deuxième bowling à Ōchi, la ville voisine. L'opération tourna alors au fiasco. Par chance, il put vendre à temps le local à un supermarché, et rentra ainsi dans ses frais.

Mon père réussit pour finir à se débarrasser de « Swany Wakimachi » en le vendant à un supermarché local. Il n'en a frôla pas moins la catastrophe.

Mon frère aîné fit alors valoir qu'il faudrait désormais s'en tenir à des projets directement liés à notre cœur de métier ; que c'était ainsi que nous mettrions les meilleures chances de notre côté. Sur ce point, il avait parfaitement raison. Mon père s'était lancé dans un secteur d'activité complètement étranger au sien, ce en quoi il échoua, mais évita heureusement le désastre.

En 1997, notre client « S » Bussan tenta de renégocier la dette. Il causa ainsi, par effet domino, la faillite de plusieurs gantiers, dont les sociétés « T », « S » et « U ». Swany s'endetta à son tour à hauteur de 300 millions de yens en raison de mon indécision. C'est donc au final un tourbillon de faillites qui emporta alors l'ensemble du secteur. L'industrie du gant fut réduite de moitié dans la région.

En 2004, nous créâmes « Swany Europe » pour développer notre gamme de sport d'hiver. Le coût du travail sur place explique sans doute en partie le fait que nous ayons finalement dû nous retirer en 2011 après avoir subi des pertes de près de 200 millions de yens. Notre vision de cette nouvelle entreprise avait été trop optimiste.

En 2003, dans le sillage de son succès au Japon, nous introduisîmes notre Swany Bag sur le marché étasunien. Le modèle avec siège eut son article dans le New York Times, et il fut par ailleurs repris par la chaîne de télé-achat QVC. Il ne fut hélas pas dévoilé sous son meilleur jour : sa fonction d'aide à la marche, qui constituait sa caractéristique phare, n'y fut pas suffisamment mise en exergue. Nous nous retirâmes du marché en 2013, après avoir perdu un million de dollars (environ 100 millions de yens). Faute, sans doute, d'avoir pu établir une culture du bagage de soutien corporel.

Ce mouvement vers l'ouest s'était pourtant annoncé plein de promesses, avec M. Graf de Boston qui m'écrivit pour me féliciter d'être apparu dans le New York Times… Ce fut une amère déception.

On se rappellera des mots de Osamu Suzuki, président de Suzuki Motor Corporation : « 50 % d'échec pour 50 % de réussite est un ratio normal. Un homme d'affaires doit par conséquent œuvrer à maintenir la réussite à 51 % ou plus. »

Franchement, j'ai parfois l'impression que c'est un miracle que Swany, avec tous ces échecs à son actif, soit parvenue à faire partie des quelque 60 entreprises qui survécurent parmi les 230 fabricants de gants qui existaient autrefois.

Rédaction de cartes postales pendant les jours de congé

Je ne supporte pas l'alcool – un trait de ma personnalité qui m'a parfois valu d'être perçu comme un individu peu sociable. Pour compenser, je me suis mis à écrire des cartes postales. Un jour, dans le cadre d'un séminaire professionnel, j'entendis ces mots du consultant commercial Yukio Funai : « Si vous envoyez des cartes postales trois fois, je peux vous garantir que vous réussirez à obtenir des commandes ».

Comme il nous fallait continuer de faire tourner les usines pendant la saison creuse, je restais à New York pendant tout le mois de juillet chaque année. Les samedis et dimanches, je m'attelais à la tâche d'écrire des cartes postales, 50 le matin et 50 autres l'après-midi. Le soir venu, ma main droite était généralement percluse de douleurs.

Les cartes postales vendues en lots de 10 ou 20 sont d'un bon rapport qualité-prix. Une fois, en Pologne, je décidai d'acheter toutes les cartes du magasin – environ 2 000. Cela ne me coûta pas plus de 8 000 yens. Au Cambodge, les cartes ne valaient que 3 yens pièce. J'en achetai donc quelques milliers là aussi. Je pus également récupérer 50 ou 100 cartes postales auprès des compagnies aériennes qui les offraient à leur client. Je les envoyais ensuite depuis New York, Toronto ou Helsinki. J'en écrivais peut-être environ 600 par an. J'ai réduit le volume d'envoi à 100 ces dernières années.

Malheureusement, il s'en trouve encore parmi mes amis pour me trouver dispendieux. Ce en quoi ils ont tort. Pour écrire ces cartes, il me fallait savoir quelque chose de concret au sujet de leurs destinataires. Il faut donc faire preuve d'un certain sérieux pour se livrer à ce genre d'exercice sur le long terme. Les cartes coûtant 100 yens pièce, on peut dépenser jusqu'à 10 000 yens en une journée d'écriture. J'ai des loisirs simples : écouter des livres audio et écrire des cartes postales sont des activités à priori moins onéreuses que des activités comme le golf, les jeux d'argent et les divertissements nocturnes.

En 1995, je décidai d'acheter une bande de terrain publique d'environ un mètre de large entre le bâtiment de notre entreprise et les quatre maisons situées à l'ouest. Dans un premier temps on m'en dissuada. Il me serait en pratique impossible, me dit-on, d'obtenir le consentement des propriétaires des maisons concernés. Je rendis visite à ces derniers un par un, en personne. Mais en plus de ça, je leur envoyai des cartes postales depuis la Chine et l'Allemagne. Huit mois plus tard, j'obtenais leur consentement à tous. J'envoyai par ailleurs de nombreuses cartes postales à mon contact au bureau des finances local et, quelques mois plus tard, j'obtins la permission d'acheter le terrain. L'agent immobilier en fut fort impressionné et me demanda si j'avais des amis bien placés au Bureau des finances.

Ma pratique des cartes postales eut un grand retentissement. Je reçus en retour de nombreux messages me remerciant pour une carte que j'avais envoyée d'Allemagne ou d'ailleurs.

J'aime répondre personnellement aux courriers reçus par le service client de Swany Bag. Certains clients, surpris d'avoir reçu une carte de ma part, n'hésitent pas à renchérir. À plusieurs reprises, des dames m'invitèrent même à dîner : « Si jamais vous venez à Tokyo, venez dîner avec moi » disaient en substance leurs messages. Ainsi les cartes postales me permettaient de glaner de réelles satisfactions.

Lorsque j'envoie une carte à quelqu'un qui est à l'hôpital, celle-ci circule dans le service, passe de mains en mains et d'autres patients la lisent. Des gens que je ne connais que de vue me signalent parfois qu'ils ont lu une de mes cartes à untel ou untel. C'est très gratifiant de recevoir autant de sollicitude et de se dire que j'ai pu remonter le moral de quelqu'un. Je reçus cependant une fois une réponse d'un ancien camarade de classe qui me priait de simplifier mon écriture, car il n'arrivait pas à la déchiffrer.

J'ai reçu un jour une réponse d'un membre du personnel de cabine de Japan Airlines à qui j'avais envoyé une carte :

« J'ai remarqué que vous aviez un sac inhabituel sur le vol pour Hong Kong et je vous ai parlé. Je suis encore un novice, après seulement un an de travail. J'ai été très heureux de recevoir votre carte au Nouvel An. C'était très encourageant. J'espère vraiment que je pourrai vous rencontrer à nouveau. Prenez soin de vous ! »

À notre époque où la révolution numérique érige l'efficacité en valeur dominante, il semble que des gens continuent de priser le caractère chaleureux de ce moyen de communication désuet et « analogique ».

Simplification, spécialisation, standardisation

Le cœur du réacteur de l'industrie manufacturière pourrait se définir par la formule suivante : « déplacer des objets d'un endroit à un autre ». À cet égard, la rationalisation de la logistique est tout à fait cruciale.

Dans les années 1970, alors que l'entreprise utilisait un mélange de papier de format B5 et A4, Hiroyoshi Iwazawa, l'un de nos directeurs, me dit que Honda avait fait du A4 son format de papier standard, et je décidai que nous devrions suivre ce standard et établir l'ensemble de nos documents en format A4.

En 1972, lorsque nous transférâmes nos activités en Corée, nous fabriquâmes des boîtes en plastique pouvant contenir 20 paires de gants empilables et nous cessâmes de faire des paquets de 50 à 60 paires attachés avec de la ficelle, qui ne pouvaient pas être empilés. Nous empilions des boîtes 3 × 4 sur cinq étages sur une palette, de sorte qu'une personne pouvait ensuite déplacer 1 200 paires à la fois, à l'aide d'un transpalette manuel. Les matériaux contenus dans les cartons étaient chargés sur palettes, et les rouleaux de tissu étaient stockés dans une boîte de 1 m de large × 1,3 m de haut × 1,5 m de profondeur.

Les boîtes contenant les pièces étaient chargées sur l'étage supérieur d'un convoyeur à rouleaux incliné, puis descendaient à hauteur des employées chargées de la couture qui les saisissaient pour les traiter. Après avoir été cousues, elles étaient placées sur l'étage inférieur et renvoyées. Le montage des fourchettes, la couture et d'autres étapes étaient effectués par des travailleurs spécialisés. Cette division du travail facilitait grandement la maîtrise des compétences. L'idée de la méthode à laquelle nos 1 200 employés coréens furent formés m'est venue en rêve.

En 1982, nous fîmes construire un entrepôt automatisé qui nous permettait de faire entrer et sortir les marchandises en deux minutes environ. Il y avait 32 palettes disposées en quatre rangées, empilées sur sept niveaux, soit un total de 896. Cependant, en 2002, Masaru Yamada, le président de Shœi, qui nous conseillait à l'époque, nous fit remarquer que le nouvel entrepôt rendait difficile le contrôle visuel de l'inventaire. Il s'agit d'un problème important qui n'a toujours pas été solutionné à ce jour.

En 1985, nous adoptâmes le système de couleurs américain Pantone, afin de pouvoir indiquer par des chiffres les couleurs de la face, de la doublure, des coutures, des étiquettes, etc. Cela simplifia énormément les choses.

En 2008, la production de dossiers en plastique A4 à 30 trous fut abandonnée et nous passâmes à un format à deux trous. Ce changement fut par la suite contesté dans le cadre d'une réunion de gestion : on jugeait ce nouveau format plus difficile à utiliser, et nous dûmes donc reconsidérer la question.

Mettre une feuille de papier à deux trous dans un dossier et la ressortir prenait 50 secondes. Avec 30 trous, cela ne prenait que 26 secondes. Avec deux trous, il fallait appuyer sur une pile volumineuse de documents classés pour lire ou annoter. En outre, le papier à 30 trous n'était pas troué à plus d'un centimètre du bord, ce qui laissait 20 % de surface supplémentaire sur la page pour la saisie. Il y avait encore plusieurs milliers de ces chemises à 30 trous en vente, et nous recommençâmes donc à les utiliser.

Mon successeur à la présidence, Tsukasa Itano, lança un nouveau système de classement en 2020. Au lieu de fixer les documents dans des chemises, il les fit mettre dans de petites boîtes. Selon lui, ce système présente le double avantage d'être efficace et respectueux de l'environnement. Il développe désormais un nouveau programme de rationalisation, avec pour objectif d'accroître le partage des documents, de faciliter les recherches et de réduire le nombre de copies. S'il s'avère probant, ce programme sera intégré au schéma d'activité générale du groupe.

Simplification, spécialisation et standardisation constituent les mots-clés de la survie économique.

Marcher avec une attelle de jambe

Depuis ma naissance, une faiblesse à ma cheville droite me rend incapable de marcher sur des longues distances. Après avoir commencé le collège, mon activité physique augmenta et, sur les conseils de mon médecin, je commençai à porter un système d'attelle m'enveloppant la jambe du bas du genou jusqu'aux orteils. Ce dispositif me permit de marcher sans problème. Cette orthèse est un article coûteux, de 60 000 à 70 000 yens, et doit être remplacée tous les dix ans. L'État prend toutefois 90 % de cette somme à sa charge.

Mon premier appareil orthopédique était constitué de sangles en cuir doublées en cuir synthétique sur une base en plastique avec des entretoises en acier. Si la surface intérieure s'écartait de la surface de la peau, ne serait-ce que d'un millimètre, ce décalage induisait une douleur et provoquait une desquamation et une inflammation de la peau. Un réglage fin et répété était nécessaire avant d'être satisfaisant.

Je suis à jamais redevable à mon technicien, Toshiji Tsujimoto, de Takamatsu Prosthetic Laboratories. Le technicien doit connaître parfaitement les particularités de ma jambe pour que l'attelle soit si fonctionnelle, et j'ai la chance que M. Tsujimoto me suive depuis ma jeunesse.

Je porte une fine chaussette sur mon pied droit et j'y adapte l'attelle, et par-dessus, je porte une paire de chaussettes aux deux pieds. Autrefois, comme elle était constituée de métal, j'étais toujours arrêté à la porte d'embarquement dans les aéroports. Le métal n'est plus utilisé désormais, et je n'ai plus ce problème à présent. Cependant, je ressens toujours une sensation de pression lorsque je porte l'attelle.

Voyager avec un handicap I

Le plus souvent, lorsque je voyage, je prends le premier vol du matin ; je pars sur les coups de six heures pour l'aéroport de Tokushima dans ma Toyota Prius. Lorsque je voyage vers l'étranger, je pars à cinq heures et je prends le bus de la voie express Takamatsu de Ōchi vers l'aéroport. Se lever si tôt le matin est une gageure, mais je rencontre des gens dans le secteur des gants, et c'est l'occasion d'échanger des informations.

Je me rendis un jour au siège de K-Mart à Détroit à sept heures et demie du matin. Il planait dans le vaste hall d'entrée un parfait silence. En poussant la porte, je demandai si je n'étais pas arrivé un peu trop tôt, mais c'est par un sourire et un « Bonjour » que je fus accueilli. Des milliers d'employés étaient déjà à pied d'œuvre. Leur journée de travail s'achève généralement vers quatre heures et demie de l'après-midi.

Pour mes séjours en Europe ou en Amérique, je décollais du Japon généralement le week-end. Sur place, je faisais mes ventes du lundi au vendredi, et je retournais au Japon au bout de deux ou trois semaines. Si je partais pour deux semaines, je visitais 20 entreprises en 10 jours, pour une dépense d'environ 350 000 yens, à raison de 18 000 yens par entreprise. Si mes visites se limitaient à 10 entreprises, le coût ne dépassait pas les 35 000 yens. Et si l'on ajoutait les salaires, ces sommes doublaient.

Un jour, alors que je regardais la télévision, un acheteur du grand magasin Tokyu Hands apparut à l'écran. Ce dernier affirmait qu'il effectuait en moyenne 4,2 visites par jour lors de ses voyages à l'étranger. Je fus stupéfait d'apprendre qu'il avait visité plus de 20 entreprises en seulement cinq jours.

À partir de 1996, je me lançais dans le développement du Swany Bag, me rendant à cet effet tous les mois à Taipei ou Shanghai. Je rencontrais les fabricants de bagages et de pièces détachées dans les restaurants de l'aéroport pendant environ une heure et demie avant de rentrer directement chez moi. Dans l'avion du retour, un membre du personnel de cabine de Japan Air Line me dit un jour : « Vous étiez sur le vol de ce matin, n'est-ce pas ? Vous avez eu une journée bien remplie. » Je regagnai la maison un peu après neuf heures du soir. Je passai tout le temps où j'étais en déplacement à lire. J'emportai avec moi les choses suivantes :

Rasoir, brosse à dents, peigne, bouteille en plastique de 35 mm de diamètre contenant du gel pour les cheveux, pommade, savon, nécessaire à couture et tampons de document dans un sac de 18 cm × 13 cm. Je ne prends jamais de médicaments. Ces articles sont toujours dans mon sac Swany et m'accompagnent partout où je vais. Lorsque j'étais à la maison, je gardais également mon portefeuille à portée de main, afin de ne pas faire attendre les livreurs.

Quatre ou cinq livres, des vêtements, une pochette enveloppée dans un emballage en tissu *furoshiki*, placés au fond d'une valise à roulettes de 75 mm. Par-dessus, je disposais 100 à 150 échantillons de gants individuels. Le tout représentait environ 20 kg. Le plus souvent, je me rendais directement de l'aéroport chez le client, et le tissu d'emballage constituait un paravent pratique pour mes affaires personnelles. Le *furoshiki* est un produit vraiment admirable de la culture japonaise.

Je portais le même costume bleu marine tous les jours et je n'emportais qu'une chemise, une cravate et une paire de chaussettes de rechanges. Je lavais mes sous-vêtements dans la baignoire. En l'enveloppant dans une serviette de bain et après un bon essorage, il était généralement sec le matin. Il arrivait parfois qu'il soit encore humide, mais je ne m'en rendais pas compte, et la température corporelle en achevait alors assez rapidement le séchage. Un jour, passant devant des gens qui travaillaient l'asphalte, une projection vola dans ma direction et se colla à ma chemise. Je retournai à mon hôtel où je tentais frénétiquement d'enlever la tache en la frottant avec ma seule salive. Je fus soulagé de voir que la tache avait presque complètement disparu.

Les normes de tensions électriques et des types de prises constituaient un désagrément à l'étranger. J'achetai des adaptateurs pour la Grande-Bretagne, l'Allemagne, la France et l'Italie et je les emportais avec moi pendant 20 ans avant que des adaptateurs universels compacts ne soient disponibles vers 1990.

Voyager avec un handicap II

En 1987, je me rendis en Amérique pour le mariage de Bruce, représentant commercial de Swany America, et de sa femme Naomi, avec pour tout bagage un attaché-case. Tom, le vice-président de Swany America, me présentant, déclara à la cantonade : « La prochaine fois que le président Miyoshi viendra, l'ensemble de ses affaires tiendra dans ses poches », sous les rires des invités réunis.

Je prenais toujours ma mallette avec moi lorsque je quittais ma chambre d'hôtel, pour me rendre directement à mon premier rendez-vous après le petit-déjeuner, sans retourner dans ma chambre. En effet, le nombre de visites réalisables dans une journée dépendait de ma capacité à obtenir mon premier rendez-vous tôt le matin. Comme le disait mon père, « Les commandes augmentent proportionnellement au temps passé à négocier ». Cela avait aussi l'avantage de réduire la charge sur mes pieds.

Dans la rue, je demandais le chemin à la personne la plus proche, puis je me mettais en route. Lorsque j'emmenai quelqu'un avec moi, je réalisai à quel point les personnes sans handicap marchent inutilement. Avant une réunion, je déjeunais dans un endroit proche pour éviter les retards imprévus.

Dans un restaurant chinois, je prenais du riz frit avec du poisson et des légumes, au McDonald's, je prenais du Filet-O-Fish et du jus d'orange. En Amérique du Nord, j'appréciais tout particulièrement le jus de pamplemousse Tropicana. J'aimais aussi les glaces. Si mon client était loin, j'achetais mon déjeuner au McDonald's et je le mangeais dans le taxi.

Lorsque je prends l'avion, je suis l'exemple de mes parents et je voyage en classe économique. C'est meilleur pour l'environnement, mais aussi plus léger pour le portefeuille. Shūzaburō Kagiyama, fondateur de la chaîne de pièces et d'accessoires automobiles Yellow Hat, qui lança la campagne « Keep Japan Beautiful » et se fit un nom en faisant la promotion des avantages du nettoyage des toilettes, est un autre défenseur des voyages en classe économique.

Il raconte qu'un cadre de Japan Airlines lui dit un jour que la classe économique était en fait une mine d'or, parce qu'en première classe, si vous offrez à un passager une bouteille de vin coûtant des dizaines de milliers de yens, il est probable qu'on vous commande du caviar pour l'accompagner, et ouvrir une boîte de caviar coûtant des dizaines de milliers de yens n'est pas une opération très rentable.

En 2007, je participai au 92e congrès mondial d'espéranto, qui se tint à Yokohama. Je laissai un mot dans ma chambre d'hôtel : « Je reste une semaine. Pas besoin de changer les draps ». C'est aussi le conseil de Kagiyama. Le soir, à mon retour, je trouvai la femme de ménage à genoux sur le sol, la tête baissée. Elle me dit : « Merci de votre considération pour les draps. Je vous suis vraiment reconnaissante ». Je la priai instamment de se relever, bouleversé que j'étais par cette démonstration de gratitude.

Suivant l'enseignement de Kagiyama, chaque fois que j'utilise les toilettes dans un hôtel ou dans un avion, je les essuie toujours avec un mouchoir en papier après utilisation et j'enlève tout poil ou grain de poussière. Sur les aires d'autoroute et dans les gares, je suis également la règle suivante : « Anticiper le processus suivant du point de vue du client ». Je n'utilise pas les rasoirs, les crèmes ou les gels capillaires fournis dans les hôtels. Je n'utilise le savon mis à disposition que lorsque je n'en ai plus moi-même.

Les règles de Swany en matière de frais de déplacement s'appliquent à tous de la même manière, que vous soyez employé ou président : 1 500 yens pour les repas, le coût réel des billets de voyage et 20 yens par kilomètre pour les déplacements en voiture.

Abandon des somnifères

La majorité des gens souffrent du décalage horaire, tandis qu'une minorité semble ne pas en être affectée du tout. Malheureusement, je fais partie du premier groupe. Ceux qui n'en souffrent pas semblent pouvoir dormir à poings fermés dans l'avion et n'ont aucun problème pour dormir la nuit suivant leur arrivée. Je les envie vraiment.

Bien que je ne boive pas d'alcool, une nuit à Francfort, incapable de dormir, je décidai, à l'aube, de prendre un grand whisky, et je sombrai dans un sommeil d'ivrogne. Le matin venu, mon ivresse n'était toujours pas dissipée et j'étais malade sur le bord de la route en train de chercher un taxi. Je n'avais pas d'autre choix que d'honorer mon rendez-vous avec l'acheteur dans cet état, aussi embarrassant soit-il. Un client de New York me dit également un jour : « Tu empestes l'alcool, tu sais ». Chose qui était à mettre directement sur le compte du décalage horaire.

La nuit suivant mon arrivée en Europe ou en Amérique, la mauvaise qualité de mon sommeil altérait mon état général. Cela durait plusieurs jours, et à peine m'adaptais-je à un nouveau fuseau horaire qu'il était déjà l'heure de rentrer au Japon ! De retour chez moi, je souffrais de nouveau d'insomnie. À un certain stade, je ne pouvais plus voyager à l'international qu'armé de somnifères. Passé l'âge de 60 ans, la situation s'aggrava et j'en vins à devoir doubler la dose de mon traitement sur avis médical, tant j'allais mal.

En février 2019, même avec trois doses, je n'arrivais pas à trouver le sommeil. J'en fus effrayé, et je me résolus d'abandonner les somnifères sur le champ. Ce fut alors cinq nuits interminables à ne pouvoir fermer l'œil plus d'une minute. Ma mâchoire tremblait et mes dents claquaient pendant les deux heures précédant l'aube. Peu à peu je pus recouvrer un semblant de sommeil, un sommeil léger, même si je souffrais toujours de constipation.

Au bout de quelques semaines, j'entrai dans un cycle alternant les phases avec somnolence et les phases avec insomnie. Il me fallut tenir six mois dans ce sommeil en dents de scie pour me libérer enfin pour de bon de ma dépendance aux somnifères.

À cette époque, si je me réveillais après une ou deux heures de sommeil, je m'astreignais à une séance d'une demi-heure de gymnastique Nishi-shiki avant de me recoucher. Cette discipline eut un effet bénéfique sur ma santé.

Garder des traces

J'ai l'habitude de consigner tout ce qui m'arrive au quotidien, essentiellement sous la forme de rapports relatant le contenu de mes voyages d'affaires à l'intention des cadres de l'entreprise, de retour au pays, et, en outre, sous forme d'entrées dans mon journal de bord. Toutefois, en quittant la présidence en 2018, et alors que je débarrassai mes affaires du bureau pour les ramener à la maison, force me fut de réaliser que mes notes de voyages d'affaires manquaient. Celles-ci fourmillaient d'informations concernant les personnes que j'avais rencontrées : la date et le lieu des rencontres, le détail de nos échanges, mes réflexions postérieures.

Mes agendas couvrent maintenant un demi-siècle. Je tiens un registre des cartes postales que j'ai envoyées et des réponses que j'ai reçues, une ligne pour chaque carte, avec le nom de la personne à gauche et les points principaux du contenu des cartes sur la droite. La réponse correspondante figure sur la ligne suivante.

Lors des réunions, je dessine les plans de table et je rédige un résumé de la conversation. Cela m'aide à me souvenir des visages. Je note également les mots qui sont restés dans ma mémoire, ainsi que les dates.

J'utilisai les rapports de mes voyages d'affaires et les entrées de mon carnet pour écrire des articles pour les médias. Je rédigeai de nombreux articles pour des journaux et des magazines, et presque tous sont basés sur mes carnets.

Regardant en arrière, je vois qu'en 1966, alors que j'étais dans un train reliant New York à Gloversville, mon train entra en collision avec un camion-benne. Le choc me projeta dans l'allée. Heureusement sans conséquence pour moi. Cet évènement est là, inscrit dans mon carnet.

Un autre évènement, datant de 1970 : je me trouvais dans le grand magasin allemand Karstadt. J'étais sur les marches de l'escalator, dos à la route, en train de prendre une photo du magasin. Arrivé à l'étage suivant plus vite que prévu, je suis tombé de tout mon long, au grand amusement des gens présents autour de moi.

En 1980, je rencontrai le golfeur Jack Nicklaus en Floride et, en 2011, Norihiro Akahoshi, de l'équipe de baseball des Hanshin Tigers, lors d'un tournage pour l'émission commerciale *Jar of Luzon* de NHK TV.

Un compte rendu de l'ouverture de Swany Cambodia à Phnom Penh figure dans un carnet de notes datant de 2012. On y trouve les noms des invités et le plan de table.

En 2020, en relisant mes carnets, me revint en mémoire le fait que j'avais négligé la militante Michiko Yamamoto, lorsque j'étais vice-président de Kagawa Animal Welfare. C'était il y a longtemps. Je lui envoyai une carte postale pour m'excuser et je reçus en retour un long rapport sur ses activités récentes.

Je suis heureux d'avoir pu m'entendre avec elle tant que je suis encore de ce monde.

Améliorer les compétences en matière de communication

Un des livres dont la lecture fut pour moi particulièrement fructueuse est *Jacked Up*. Ce livre relate la vie de Jack Welch, le président de General Electric. Welch est un capitaine d'industrie légendaire qui présida aux destinées de GE pendant 20 ans dans les années 1980 et 1990, période au cours de laquelle le groupe multiplia par 40 sa capitalisation boursière. Pour Welch, une gestion efficace repose sur deux axes principaux : 1) l'évaluation du projet et la détermination à rester concentré sur ce même projet ; 2) l'optimisation des compétences de communication.

Appliqué à l'industrie du gant, le premier point me semble pertinent.

Quant au second point, sa stratégie pourrait se résumer d'un mot : la concision ; il préconise d'élaguer le texte quatre ou cinq fois, de supprimer les mots trop techniques et le jargon spécialisé, et de chercher en toute chose les formules les plus ramassées. Après tout, c'est bien l'homme qui a raccourci « General Electric » en « GE ».

Cet accent mis sur les vertus de la concision et de la clarté tomba pour moi à point nommé.

À une époque, je présidais l'association touristique d'Higashikagawa. Nous organisions une manifestation annuelle : le Festival mondial des poupées. Le texte qui expliquait l'origine des poupées sur les panneaux faisait cinq ou six lignes de gros caractères, et les gens ne prenaient guère la peine de les lire. Dès l'année suivante, les explications furent réduites à un maximum de deux lignes de gros caractères d'un centimètre de haut. À titre d'exemple, le texte pour le Belize est devenu :

> Pays anglophone situé au nord-est de l'Amérique centrale. Un peu plus grand que Shikoku, 310 000 habitants, revenu annuel moyen : 800 000 yens. *Joyau des Caraïbes* entouré de récifs coralliens. Célèbre lieu de villégiature, avec 450 îles environnantes.

Les visiteurs saluèrent ce changement. Ils disaient avoir ainsi une meilleure idée des pays exposés.

Ses idées sur les discours (« Vous pouvez persuader un public en dix minutes, quelle que soit la difficulté du sujet ») me furent utiles lorsque j'eus l'occasion unique de m'adresser au parlement polonais, sur laquelle je reviendrai plus loin dans ce livre.

Il y a quelques années, au congrès d'espéranto de Chūgoku et Shikoku à Kotohira, l'orateur qui m'a précédé a dépassé de 15 minutes, et j'ai eu du mal à réduire mon propre discours soigneusement élaboré d'une heure à quarante-cinq minutes, restant plusieurs fois bloqué. C'est avec soulagement que j'ai réussi à terminer à temps, ce qui est une autre des règles de Welch.

Le papier millimétré – une source de sagesse

Pendant de nombreuses années, j'ai transporté avec moi un classeur A4 à 30 trous contenant du papier millimétré et je l'ai utilisé pour prendre des notes et faire des dessins. Le papier millimétré a joué un rôle important dans le développement du sac et du fauteuil roulant qui a marqué le début de l'abandon par Swany de sa dépendance aux gants. Mon papier millimétré a également joué un rôle dans la conception de nos usines à l'étranger.

En 2008, j'ai ainsi passé une semaine à travailler sur la conception de la nouvelle usine de Swany Cambodge, en espérant tirer parti de nos expériences au Japon, en Corée et en Chine. Notre tâche consistait à faire coïncider les considérations de base relatives à la charpente, à la plomberie et à la conception avec nos objectifs de lumière abondante, d'isolation et d'étanchéité à l'air, ainsi qu'avec un environnement généralement lumineux et propice au travail.

Les locaux de Swany Cambodia se composent d'une usine de 108 × 40 m, d'un bureau de 24 × 10 m, d'une cantine de plain-pied de 24 × 15 m et d'un dortoir de deux étages de 16 × 8 m (64 m^2 × 4). Ce qui m'a surpris, c'est qu'une hauteur d'au moins six mètres était nécessaire pour l'usine de plain-pied, suffisante pour deux étages. Cela permettait à l'air chaud de s'élever vers le haut, afin que la zone de travail située en dessous reste fraîche.

Sur la base de ces considérations et objectifs, j'ai d'abord travaillé sur l'entrepôt, puis sur les zones de coupe et de couture, mais comme les coûts de l'électricité étaient plusieurs fois supérieurs à ce qu'ils étaient dans d'autres endroits à l'étranger, la climatisation s'est avérée être un problème majeur. Après plusieurs années d'essais et d'erreurs sur le site, nous avons opté pour un système comprenant de l'eau souterraine circulant dans un échangeur de chaleur et de 12 grands ventilateurs pour la circulation de l'air. Un autre problème était la moisissure causée par l'humidité élevée. Tout cela a été calculé sur du papier millimétré.

Nous avons connu quelques échecs dans la construction d'usines. Lorsque l'usine de Swany Asia en Corée a été achevée, nous avons constaté qu'il y avait une différence de niveau du sol de 5 cm à l'entrée du bureau, ce qui nous a causé beaucoup de problèmes. Au Cambodge, entre l'usine et le bureau, j'ai été surpris de voir une différence de niveau de 15 cm. Nous avons réussi à l'aplanir, mais cela m'a fait prendre conscience de l'importance du contrôle sur place.

Mon travail s'étendait au design d'usine, aux sacs et aux fauteuils roulants, mais le papier millimétré était la source de toute la sagesse. Je faisais souvent des dessins avant de me coucher le soir, et quand je faisais cela, j'avais fréquemment des idées en rêve dans les premières heures avant le réveil.

7. Apprendre de tout ce qui m'entoure

Tirer les leçons des voyages en avion

C'est une vieille histoire. Le premier avion de ligne à dépasser la vitesse du son fut un Douglas DC-8. Sa vitesse de croisière était de 870 km/h ; mais en 1961, trois ans avant mon premier vol, un DC-8 atteignit une vitesse légèrement supérieure à Mach 1 (1 225 km/h).

Cet appareil avait des rangées de trois sièges disposées de part et d'autre d'une travée centrale, et les sièges du fond étaient réservés à l'équipage qui s'en servait pour se reposer. Lorsque le voyant « Attachez vos ceintures » s'éteignait, je me levais et je me dirigeais en direction des sièges vacants de la rangée du fond. J'avais 70 ou 80 % de chances de trouver trois sièges libres l'un à côté de l'autre. Je pliais les accoudoirs et je m'allongeais sur le ventre, en utilisant la ceinture du milieu pour caler. La couchette était similaire à celle qu'on trouve dans les trains – étroite. Mais je pouvais de cette manière traverser des continents entiers en position allongée.

Pour me rendre de Tokyo Haneda à New York, je prenais le vol 005 de Japan Airlines et le vol 006 pour le retour. Dans les années 1970 et 1980, alors que je prenais fréquemment l'avion, un membre du personnel de cabine que je connaissais m'offrit un jour un cadeau destiné aux passagers de première classe, en m'intimant de garder secret ce présent. Les quatre ou cinq membres du personnel de cabine prirent l'avion de Haneda à Anchorage en Alaska, où ils passèrent la nuit, puis ils prirent l'avion pour New York le lendemain, et, après une nuit à New York, ils reprirent un vol à destination d'Anchorage ; et, après une nuit passée à Anchorage, ils reprirent les airs pour le Japon le quatrième jour.

À la fin des années 1960, j'étais dans un Boeing 707 reliant Francfort à New York. Après environ trois heures, l'avion baissa en altitude jusqu'à affleurer la surface de la mer. Le passager à côté de moi dit : « Ne vous inquiétez pas ! Sur nos quatre moteurs, trois fonctionnent ! ». Ce qui ne fit, naturellement, qu'accroître mon inquiétude. L'avion dut atterrir en catastrophe en Islande où il fut réparé au cours d'une escale de six heures.

Dans le restaurant de l'aéroport de Kuala Lumpur en Malaisie, je me retrouvai un jour à partager ma table de déjeuner avec le pilote du vol et sa famille. Il me dit : « Je vous inviterai plus tard dans le cockpit ». Ce qu'il fit peu après le décollage. Nous atterrîmes à Kota Kinabalu, à Bornéo, et je pus admirer le paysage spectaculaire jusqu'à Manille.

Dans les années 1970, lorsque je pris l'avion de Haneda à Manille avec le fils du PDG de la société américaine de gants Gates sur Arabian Airlines, nous fûmes surpris par un typhon et l'avion fut soudain traversé de fortes secousses. Des objets commencèrent à voler dans la cabine et à s'écraser tout autour de nous, et des femmes cédèrent à la panique.

Le passager à côté de moi se mit à réciter des sutras bouddhistes. Durant toute l'heure que dura la perturbation, je fis tourner en boucle les prières d'Oomoto.

« Faites que je vive ! », ai-je supplié. « Laissez-moi vivre pour le bien de mes filles Ayako, Masako et Yasuko ! »

Peut-être en partie parce que mes filles étaient encore petites à l'époque, c'est vers elles et non à ma femme Yoshiko ou à l'entreprise que mes pensées se tournèrent en premier. Il semble en effet naturel de penser d'abord à ses enfants en de pareils moments. Lorsque nous atterrîmes en toute sécurité à l'aéroport de Manille, nous fûmes accueillis sous des salves d'applaudissements.

En prenant l'avion de Montréal au Canada à Helsinki en Finlande, à la fin des années 1980, je remarquai après avoir embarqué sur le vol de nuit de Finnair qu'un paravent occultant obturait l'habitacle à partir du cinquième siège, et qu'il n'y avait que 30 passagers à bord. Les dossiers des sièges avaient été abaissés et l'avion était exploité sous une forme mixte de fret/passagers.

Mon historique de vols, à ce jour, est bien fourni : 100 vols entre le Japon et l'Amérique, 50 entre le Japon et l'Europe, 150 entre le Japon et la Corée, et 300 entre le Japon et la Chine – soit l'équivalent de 150 tours complets du globe.

Je ne pourrais, avec un tel bilan carbone, soutenir le regard d'une militante pour le climat comme Greta Thunberg – j'aurais trop honte.

Apprendre des hôtels

C'est une histoire embarrassante des années 70.

J'étais dans une chambre au cinquième étage d'un hôtel de Düsseldorf, en train de boire un coca. Sans réfléchir, j'ouvrai une fenêtre et je posai la bouteille sur le cadre de la fenêtre. L'instant d'après, la bouteille tombait et je criai. Trop tard, le mal était fait. La bouteille heurta l'arrière d'une Mercedes. Or des gens discutaient autour de la voiture. Alarmé, j'allai me cacher sous les draps. Je fis même semblant de dormir.

Des hommes de l'hôtel vinrent toquer à la porte de ma chambre m'accusant d'être l'auteur de ce jet de cannettes. J'aurais tout simplement dû m'excuser et passer à autre chose. Mal m'en a pris : j'ai préféré mentir. Je leur ai dit que je ne savais pas de quoi ils parlaient et que de toute façon ça ne pouvait pas être moi, car je dormais.

Les hommes quittèrent le lieu, mais ils revinrent plus tard et m'incriminèrent : « Vous êtes la seule personne qui puisse être à l'origine de ce jet de cannette». L'affaire fut réglée par le paiement d'une compensation d'environ 50 000 yens. Le dicton voulant que « Le mensonge est le premier pas sur la voie du vol » me vint à l'esprit, et je fis un sérieux examen de conscience.

En 1971, alors que je séjournai à l'hôtel Royal, dans le quartier de Myeongdong à Séoul, je fus témoin d'un évènement tragique : un incendie dans l'hôtel voisin s'élevant sur 22 étages. Des résidents de l'hôtel se jetaient par les fenêtres, dans le vide. Des hélicoptères tournaient au-dessus de l'hôtel et des pompiers descendaient en rappel sur des échelles de corde pour porter secours aux clients prisonniers des flammes. Un couple retomba sur le toit pendant qu'on l'hélitreuillait vers le bâtiment voisin.

Je fus saisi d'effroi. L'incendie fit 163 morts et 63 blessés. Une noria d'hélicoptères tourna autour de l'hôtel, mais la plupart d'entre eux ne purent se frayer une voie jusqu'aux victimes. Une antenne installée sur le toit gênait l'atterrissage. L'hôtel brûlait encore quand je quittai Séoul pour prendre un train direction Taegu, à 200 ou plus de kilomètres au sud. Arrivé à l'hôtel, je demandai une chambre au rez-de-chaussée ou au premier étage. Ce à quoi on me répondit que les cinq étages inférieurs avaient tous été pris d'assaut : tout le monde avait eu la même idée au même moment ; tout le monde voulait éviter les étages supérieurs.

Dans les années 1980, tandis que je dormais dans ma chambre du Statler Hilton à Détroit, le téléphone retentit au milieu de la nuit. À l'autre bout du fil, quelqu'un parlait avec excitation, mais je n'arrivais pas à comprendre ce qu'il disait. Puis des bruits de pas se firent entendre depuis l'extérieur ; il y avait des gens qui couraient dans le couloir. Mon premier réflexe fut de penser qu'il y avait le feu dans le bâtiment. J'enfilai ma veste en vitesse et je me ruais dans les escaliers pour sauver ma peau. Une foule de gens était regroupée dans le hall.

Les discussions allaient bon train. Quelqu'un me demanda d'où je venais. Je lui expliquai que je venais de l'île de Shikoku au Japon. Des gens vinrent nous apporter des boissons et des sandwichs. Après qu'une équipe de démineurs eût inspecté toutes les pièces, nous pûmes finalement regagner nos chambres à l'heure de midi. Une alerte à la bombe avait été déclarée au téléphone.

Mais toutes ces expériences furent pour moi riches en enseignements. Dans les incendies d'hôtels, nombre de clients sortent de leur chambre sans leur clé et meurent un peu plus loin dans le couloir faute d'avoir pu retourner dans leur chambre. En rampant sur le sol et en respirant le plus bas possible, on peut survivre une petite heure. Mais ce qu'il faut faire dans ce cas, c'est retourner dans sa chambre, pour attendre les secours des pompiers ou toute autre forme d'intervention. Moralité, en cas d'incendie dans un hôtel : il ne faut jamais oublier de prendre sa clé.

Les leçons de M. Cohen

En 1960, alors que nous vendions nos produits par l'intermédiaire de Strong, les courtiers en exportation de Kobe, nous rencontrâmes M. Grisman Jr, de la grande société canadienne Grisman, le directeur de la succursale de Tokyo, M. Cohen, et le directeur de section de Strong, dans un bâtiment situé à côté de l'hôtel Impérial de Tokyo. C'était en novembre, la période de l'année où l'évolution des ventes commençait à devenir bien lisible.

Alors que nous déjeunions à l'hôtel Impérial, je fis tomber mon steak par terre. Je m'en sentis fort gêné. D'un bond je me levai et je courrai en direction des toilettes où j'allai trouver refuge pour cinq minutes environ. De retour à table, un steak tout neuf m'attendait.

M. Cohen sut faire oublier l'incident par sa bonhomie. Il me félicita et me gratifia d'un surnom flatteur : le « magicien des gants ».

Il menait la réunion d'une main de maître. Les données de l'équation de production étaient connues de nous tous : le Jelmin coûtait 740 yens le mètre. Or il fallait 0,43 mètre ou en tirant bien 0,41 pour fabriquer une douzaine de paires de gants. En ajoutant la doublure, la main-d'œuvre et l'emballage, nous pouvions dégager une marge théorique de 30 %. La négociation achoppa sur le taux de marge. Cohen ne voulut rien céder au-delà de 25 %. Tout alla si vite que j'eus à peine le temps de faire travailler mon boulier ou ma règle de calcul. Après avoir reçu la commande, nous pûmes obtenir un prix inférieur pour les matériaux, et nous pûmes dégager une marge de 30 % (43 % du prix de revient).

M. Cohen, qui était juif, était arrivé au Japon avec le pool d'interprètes du général Douglas MacArthur juste après la guerre. Il avait acheté un terrain d'environ 330 mètres carrés de superficie dans le centre de Tokyo pour 1 million de yens, soit deux mois de salaire. Il y avait construit une maison où il vécut avec sa femme japonaise. Quand le salaire de départ d'un jeune diplômé universitaire était d'environ 10 000 yens par mois, il gagnait, quant à lui, un demi-million. Lorsqu'il quitta son poste, il fit une plus-value de 300 millions de yens sur la vente de la maison, et il déménagea dans un luxueux manoir avec piscine à Guadalajara, au Mexique.

C'était un négociateur redoutable, coriace en affaires. Mais il était gentil avec moi et il tenait compte de mon handicap. Je garde envers lui une dette pour l'ensemble des conseils prodigués. Il m'a patiemment enseigné le calcul, et m'a aidé dans le cadre de mes études d'anglais, en insistant, notamment, sur l'importance d'une pratique répétée de l'expression orale à haute voix. De fait, il fut mon premier professeur d'anglais.

C'est également auprès de M. Cohen que j'appris à enregistrer un article par ligne. Cela donnait des phrases au style télégraphique : matériel de parement 2 m ×500 yens = 1000 yens, matériel de doublure 2 m × 300 yens = 600 yens, main-d'œuvre 800 yens + emballage 100 yens = prix de revient 2500 yens. Avec une marge de 30 % sur le prix de vente + 5 %

pour Strong, l'indice était de 430 % (à 360 yens pour un dollar), soit un prix par douzaine de 10,70 dollars. Je pouvais enregistrer 40 à 50 articles sur chaque page de cette manière.

Quelque dix ans plus tard, mon épouse et moi nous rendîmes pour la première fois ensemble aux États-Unis pour l'exposition d'art Oomoto à New York. Comme c'était sur le chemin, nous fîmes un détour par le Mexique et nous rendîmes visite à M. et Mme Cohen. Nous passâmes deux nuits chez les Cohen dans leur immense manoir avec sa propre maison d'hôtes et le logement du jardinier et de la femme de ménage.

M. Cohen nous fit faire le tour de la ville dans sa Mercedes. Après quoi nous dînâmes. Un moment dans la conversation j'hasardai en passant qu'il serait bon que les Israéliens et les Arabes fassent la paix. Le visage de Mr Cohen s'empourpra soudain, et il lâcha dans un accès de colère : « Ces sauvages peuvent aller au diable pour ce que ça m'importe ». Ses propos nous sidérèrent. Mme Cohen elle-même n'avait pas la clé pour éteindre la rage de son mari. Quel dommage que cet incident ait gâché l'ambiance de la visite de cette manière !

Il fallait comprendre en filigrane de ses propos qu'il était tout simplement hors de question que le peuple juif fasse la paix avec les Arabes.

L'homme était par ailleurs si affable, si prévenant. Les racines historiques, culturelles et religieuses de cette inimitié sont profondes et bien ancrées. Elles sont pour nous Japonais, quoi qu'il en soit, difficiles à comprendre. Nous partîmes ainsi, conscients que le chemin vers la paix est le plus difficile à parcourir.

Tirer les leçons des accidents

Une autre histoire.

Le soir du 13 juillet 1977, nous fûmes, mon épouse et moi, invités à un dîner organisé par le PDG de NY Glove et son épouse sur une île faisant face à Manhattan. Juste après huit heures, les gratte-ciel étincelants de Manhattan furent soudain plongés dans le noir. Une importante panne de courant venait de se produire. Le serveur arriva, et mes hôtes réglèrent l'addition à la lumière de la bougie sur notre table.

Les feux de signalisation étaient éteints, et la route vers l'hôtel n'était qu'un long tunnel d'embouteillages. Nous parvînmes à regagner notre résidence, où, sans surprise, les ascenseurs étaient en panne. Je dus alors monter les escaliers jusqu'au dixième étage. L'air conditionné était éteint et il n'y avait même plus l'eau courante. J'essayai de me laver le visage avec du coca-cola, ce qui fut une catastrophe et me rendit la peau du visage toute collante. J'essayai ensuite avec de la bière, ce qui me fit du bien. Ouvrir la fenêtre ne fit qu'amplifier le hurlement continu des sirènes d'urgence. En conséquence de quoi je ne pus fermer l'œil de la nuit.

J'entendis dire qu'aux aéroports de Kennedy, la Guardia et Newark, on avait dû utiliser les voitures du personnel de l'aéroport pour éclairer les pistes afin que les avions puissent atterrir. Le black-out donna lieu à des vols, des pillages et des scènes de violences terribles. Des images de la ville plongée dans le noir furent diffusées dans le monde entier en direct à la télévision.

Des milliers de personnes étaient coincées dans les ascenseurs. La plupart d'entre elles furent conduites à l'étage le plus proche en faisant monter ou descendre les cabines manuellement. Tandis qu'à d'autres endroits, les sauveteurs durent percer des trous dans les murs pour extraire les personnes coincées à l'intérieur. L'Empire State Building comptait 73 ascenseurs, mais comme la panne se produisit à huit heures du soir, la plupart des gens étaient déjà rentrés chez eux, et le nombre de personnes coincées fut moins important que prévu.

Des années plus tard, je découvris par un film relatant le black-out que neuf mois plus tard une recrudescence de nouveau-nés avait été enregistrée.

Une fois, j'emportai avec moi un vélo pliant du Japon à New York. Je mangeais dans un restaurant lorsque le serveur m'avertit que la chaîne de mon vélo avait été coupée. Je me rendis sur les lieux aussi vite que possible : la chaîne gisait seule sur le sol. La bicyclette avait disparu, quelques minutes seulement après l'avoir garée. Le fait que les bicyclettes à New York n'aient qu'une roue arrière m'avait intrigué, et je comprends maintenant pourquoi : les propriétaires démontaient par précaution les roues avant de leurs bicyclettes pour les emporter avec eux au bureau.

Une autre fois, je fus réveillé au milieu de la nuit par le bruit de coups frappés à la porte. J'ouvrai la porte avec prudence et je découvris une grande femme afro-américaine. Elle me dit qu'elle était dans la chambre voisine et qu'elle avait oublié sa clé. Elle me demanda si je voulais bien lui prêter mon téléphone en passant le pied à travers la porte. Je la pressai de descendre à la réception, employant toute la force et tout le poids de mon corps pour l'empêcher d'entrer. Un client de New York m'avait signalé qu'une femme mal intentionnée avait usé ainsi de ses charmes pour faire irruption dans sa chambre et qu'il avait craint pour sa vie.

Ed, de la compagnie new-yorkaise Handal, était un personnage mondain. Chaque fois que je le voyais, il se mettait à chanter *Swanee River*. Lorsqu'il m'emmenait déjeuner, il se garait délibérément sur une place interdite et donnait un billet de 10 dollars au policier de service. Le policier s'occupait alors de sa voiture jusqu'à son retour.

Au restaurant japonais Mikado de New York, je voyais souvent deux officiers de police en train de dîner. Lorsque la gérante partait le soir avec la recette de la journée, elle était la cible des malfrats du quartier. C'est pour cette raison que ces agents de police avaient pour habitude de dîner là le soir : ils la raccompagnaient chez elle à la fermeture du restaurant.

Je fis par ailleurs mien le conseil que me donna un compagnon de voyage dans le bus de New York : garde tes coupures de 20 et 50 dollars enveloppées dans un billet de 1 dollar. Encore à ce jour, j'enveloppe toujours, par précaution, mes billets de 10 000 yens dans un billet de 1000 yens.

Apprendre des techniques de communication

J'assistai il y a longtemps à un cours de trois jours portant sur les techniques de communication. Ce cours était donné par Hiroshi Egawa, le fondateur du Japan Language and Communication Training Centre – dans un hôtel de Takamatsu. Cette expérience fut fructueuse.

On y aborda notamment les différentes façons de surmonter le trac avant une intervention publique, les différentes façons de bien présenter ses sujets ou encore l'art de parler pour susciter des relations humaines. En suivant ces méthodes, je pus me présenter à chacun des participants. Nous eûmes aussi l'opportunité d'effectuer un retour critique en visionnant des captations vidéo de nos interventions. Sur la base de quoi on me prodigua des conseils pour optimiser mes techniques de prise de parole, la diction, le tempo, l'intonation.

Chacun d'entre nous prononça un discours de trois minutes sous l'intitulé « le récit d'un échec ». Les points forts furent soulignés et des conseils personnalisés nous furent donnés pour nous aider à corriger nos lacunes.

Pendant le cours, je fis à un homme rencontré dans l'ascenseur de l'hôtel des compliments sur sa cravate. L'homme, ravi, me dit : « Tu l'aimes vraiment ? »

Il défit sa cravate du tac au tac et il me la donna. J'intégrai cette histoire à mon discours, sous les applaudissements des autres participants. Je me souviens comme si c'était hier de cet évènement pourtant ancien de quarante ans. Depuis lors, je recommande systématiquement ce cours à nos employés.

J'envoyai ainsi nos nouvelles recrues Yoshiharu Nakanishi, Yasushi Okudai, Sakuji Imataki et Takaaki Iwaki suivre le cours d'expression orale. Je reçus par la suite un commentaire roboratif de la part d'un collègue participant. Il me dit « Si j'en juge d'après la manière dont vos employés sont proactifs à l'oral, il semble que votre entreprise forme bien son personnel. »

Une autre histoire ancienne : un certain nombre de membres éminents de l'association locale des femmes visitèrent notre maison. Elles proposèrent que ma femme, qui avait alors la quarantaine, devienne présidente de l'association. Dans un premier temps, ma femme refusa, arguant qu'elle n'en avait pas les compétences et qu'elle manquait de confiance pour parler en public.

Je suggérai à ma femme de suivre le cours d'expression orale. Après avoir réitéré plusieurs fois auprès d'elle cette suggestion, elle accepta finalement, mais elle me dit ensuite qu'elle n'était toujours pas sûre d'elle. Lorsque je suggérai de faire un autre essai, elle reprit le cours et, cette fois, elle sembla avoir gagné un peu de confiance.

La confiance de ma femme s'accrut avec le temps, et elle en vint à présider de nombreuses associations : l'association des femmes de Shirotori Honchō, l'association des femmes de Higashikagawa, la section féminine de l'association des entreprises de Ōkawa, la branche Shirotori d'Oomoto. Elle devient par ailleurs membre du Conseil d'administration d'Oomoto.

Tom, le vice-président de Swany America, me dit qu'aux États-Unis, se former à la prise de parole publique était un passage obligé. Ceci expliquant pourquoi sans doute, contrairement à nous autres Japonais, généralement rétifs au micro, les Américains semblent peu enclins à le lâcher... Le souvenir de tous ces évènements me revient aujourd'hui en écoutant, fasciné, les discours du président Biden et de sa vice-présidente, Mme Harris célébrant leur victoire électorale.

Apprendre à partir de conférences

J'eus à de nombreuses reprises, l'occasion de prendre la parole devant les salariés de l'entreprise. J'avais néanmoins, le plus souvent, quelque mal à m'exprimer avec la clarté requise. La conversation ordinaire ne m'a jamais posé de problème. Aussi avais-je du mal à comprendre les raisons de ma médiocrité lors de mes allocutions publiques. Mon père n'avait de cesse de me réprimander : « Ta voix est trop faible ! On ne comprend rien à ce que tu dis ! ».

Vers 1970, la lecture de *Public Speaking* de Dale Carnegie m'a ouvert des horizons. Il s'agit d'un livre de développement personnel qui non seulement traite des compétences oratoires, mais constitue en outre une véritable mine de conseils pour se former aux techniques d'expression orale : « Parlez de vos propres expériences », « Captez l'attention de votre auditoire dès le premier mot », « Faites lever la main aux gens », etc. Le livre de Carnegie continue d'être un best-seller depuis sa parution. Il a paru dans 100 pays en 30 langues, et compte neuf millions de lecteurs.

Alors que je venais de le lire pour la troisième fois, on m'invita à donner une conférence. J'avais à traiter le thème du « changement d'état d'esprit ». Je n'étais pas du tout sûr de moi, mais je me suis souvenu des mots du livre de Carnegie : « Si on vous donne l'occasion de parler, vous devez la saisir. L'occasion ne vous reviendra peut-être pas de sitôt ! Et même si vous vouliez recruter un public par vos propres moyens, en achetant la venue des gens à 50 dollars par personne, personne ne viendrait vous écouter pour autant ! »

Je commençai ma présentation par cet incipit : « Mon esprit était vide, j'ai enfourché mon scooter et je suis parti ». Je narrai l'histoire de mon amour déçu, de ma fuite. Toutefois, j'eus soin de suivre scrupuleusement un des conseils principaux du livre : ne jamais commencer par un préambule. À partir de là, je pus continuer sans me figer. Je ne fus pas entièrement satisfait de ma performance. J'avais pourtant fait des progrès notables depuis l'époque où je marmonnais piteusement la plupart de mes prises de parole publique.

Mes opportunités d'intervention publique se sont depuis lors multipliées. J'ai dû donner plus de 200 conférences dans tout le pays. La plupart du temps, ces conférences portaient sur mes expériences professionnelles.

J'eus tout de même une fois maille à partir lors d'une intervention dans une école primaire locale. Les élèves de première et de deuxième année du premier rang se lancèrent dans une bataille de chaussures. Cet imprévu me déconcentra et me fit perdre le fil de mon propos. L'enseignant réprimanda les enfants, mais ces derniers n'en cessèrent pas pour autant leur chahut. Je réalisai que pour capter l'attention de ces bambins il me fallait pouvoir adapter mon langage au leur. Je trouvai là peut-être, dans ces petits anges, mon public le plus difficile.

Tirer les leçons du recrutement

Dans les années 1970, une conjoncture favorable nous amena à devoir recruter du personnel. Et nous eûmes les pires peines à arriver à nos fins. Il n'y avait, semblait-il, aucune solution simple et rapide en la matière.

Je me souviens que nous reçûmes un jour les candidatures de quatre ou cinq étudiants, et que nous organisâmes en conséquence une réunion d'orientation dans un hôtel près de la gare d'Hiroshima. Seul un des candidats se présenta. Or, de notre côté, nous étions trois au rendez-vous, deux agents de recrutement et moi-même. Le candidat dut se sentir mal à l'aise, seul face au président de l'entreprise et à ses collaborateurs.

Le plus ennuyeux dans tout ça, c'est que les profils qui nous intéressaient le plus déclinèrent notre offre. Il y va, en quelque sorte, du recrutement comme du mariage : les deux parties doivent être au clair avec leur engagement. Si cette condition n'est pas réunie, rien ne fonctionne. Il nous fallait trouver le moyen de les attirer d'une manière ou d'une autre.

Or il n'y avait qu'un seul moyen, au fond d'arriver à nos fins : être attractifs. Soit, par exemple : convaincre d'emblée les étudiants quant à la probité du président et à la réalité de son ancrage social dans la communauté locale. Nous intégrâmes à notre fascicule de présentation quelques nouveaux matériaux : un audit de Swany réalisé par Nobuo Kanayama – un chercheur de renom dans le domaine de l'interprétation simultanée –, et un texte de commentaire signé Yūsuke Fukada, un auteur très populaire au Japon. Nous incorporâmes par ailleurs au dossier des articles de presse afin d'en étoffer la lecture.

En 1979, Swany et la chaîne de supermarchés Sunny Mart, basée à Kōchi dans le sud de Shikoku, s'associèrent pour partager les frais d'une annonce publicitaire dans le quotidien national *Shikoku Shimbun*. L'encart contenait une annonce de recrutement agrémentée d'une photo de Diane, mon professeur d'anglais de Floride. Cette opération porta ses fruits et nous fîmes même partie, pendant un temps, des dix entreprises favorites des étudiants de Kagawa.

Mais tout, pour autant, ne se passa pas sans heurts. Une année, un étudiant de l'université de Tokushima que nous avions présélectionné nous confia par exemple qu'il n'était pas sûr de vouloir travailler dans une entreprise qui utilise le cuir comme matériau de fabrication. Comme je notai qu'il portait lui-même des chaussures de cuir, je lui fis alors remarquer sans trop réfléchir : « Ça n'a pourtant pas l'air de vous gêner d'avoir des animaux morts aux pieds ! »

À cette même époque, je sollicitai l'aide de certains membres du personnel avec l'espoir qu'ils me recommandent des recrues potentielles. L'un d'entre eux me répondit sans ménagement : « Le patron est extrême dans ses goûts et ses dégoûts. Il manque de tolérance. Il est toujours prompt à chercher la petite bête. Changez cette image ! ». Ces paroles, et notamment les mots « goûts » et « aversions », « tolérance » et « image » me tourmentèrent l'esprit des jours durant. J'avais clairement donné le bâton pour me faire battre !

Comme pour mettre un terme à tout espoir, le directeur exécutif senior Mitsunaka déclara sans ambages au cours d'une réunion : « Il est à craindre, eu égard au caractère saisonnier de votre industrie que vous ne trouviez pas le type de personnel que vous voulez ». Il me fut, sur ce point, impossible de le contredire.

Tirer les leçons des conseils

Pour écrire ce livre, j'ai relu l'équivalent d'un demi-siècle de journaux de bord. Leur lecture en fut ardue et donna lieu à de nombreux examens de conscience. Je trouvai ces points soulevés par Junji Yagi, qui rejoignit l'entreprise en 1976 :

1. Les critiques doivent être formulées sur le coup et en privé.
2. Les salaires ne sont pas à la hauteur de la taille de l'entreprise.
3. Les opinions ne sont pas suffisamment écoutées.
4. Seul le directeur exécutif junior Iwazawa a l'oreille du président.
5. Les salariés suspectent du favoritisme dans les nominations aux postes de direction.
6. Les salariés ne se sentent pas soutenus par les cadres supérieurs.
7. Le président (mon père) devrait être considéré avec plus de respect.

Le faible niveau des rémunérations, le mépris affiché pour l'avis du personnel, mon manque d'écoute, les rendez-vous improductifs, le nombre inquiétant de départs, le traitement de mon père... Sur chaque point, il n'y avait aucune excuse possible. Seulement la douleur de réaliser quel piètre patron je faisais.

Me revient en mémoire cette remarque de Hidemaru Deguchi : « Si vous pouvez un tant soit peu changer ce qu'il y a en vous, c'est votre vie entière qui peut prendre un virage à 180 degrés ».

Le directeur général Iwazawa quitta l'entreprise, et la direction de l'entreprise fut pour lui un motif d'inquiétude pendant une dizaine d'années. « Si vous ne comprenez pas votre propre entreprise, les théories de gestion les plus savantes n'aideront à rien vos desseins de direction. Nous aurions pu améliorer les choses à moindres frais si nous avions pu simplement en discuter au sein de l'entreprise », déclara-t-il. L'élaboration du plan d'affaires à moyen terme tenait selon moi sur deux axes : la répétition du cycle *planifier-faire-vérifier-agir* et le recours à des conseillers en développement de ressources humaines. Mais lorsqu'on me signifia que les choses auraient pu s'améliorer d'elles-mêmes simplement en privilégiant les discussions, je ne pus me défendre d'éprouver un certain regret.

Ma formation m'avait appris à féliciter les gens par écrit et à les réprimander oralement. Or je faisais le contraire, et je commettais bévue sur bévue. Une fois, j'envoyai un courrier électronique au chef de section Takaaki Iwaki. Ce dernier venait de réaliser une vidéo sur le Swany Bag, pour lui dire : « Si tu avais préparé un script en amont, tu aurais pu raccourcir ton clip de deux minutes ». Il m'expliqua alors que le caméraman lui avait demandé de parler librement, sans script. Je me surpris sur le champ à regretter ce que je venais de dire. Mais il était déjà trop tard.

Apprendre de l'étude des langues

J'encourage le personnel à pratiquer la conversation anglaise. Je sais d'expérience que cela n'a rien d'évident.

Depuis les années 70, Swany engagea de nombreux professeurs d'anglais et une centaine d'employés apprirent avec eux. Les résultats ne furent pas à la hauteur de nos attentes, sans que ce soit la faute des professeurs. Le personnel eut au moins l'opportunité de se familiariser avec l'anglais...

En 1977, les membres du personnel coréens Go Yeong-bae et Ju Byeong-su partirent apprendre le japonais. Tsukasa Itano et quelques dizaines d'autres personnes allèrent apprendre l'anglais dans une école de langues à Takamatsu. Leurs frais de cours individuels s'élevaient à 4 000 yens pour une leçon de 40 minutes, on peut souligner l'excellence de leur résultat, mais leurs frais de scolarité s'élevèrent à un million de yens mensuels par élève.

Je commençai à apprendre le coréen en 1975, trois ans après notre expansion en Corée. Je pris des cours avec un professeur Berlitz pendant sept heures chaque jour pendant quatre mois. Le coréen me parut d'emblée si similaire au japonais sur le plan grammatical que j'imaginai la langue japonaise dérivant directement du coréen. C'est de loin la langue la plus facile à apprendre pour les Japonais.

Une fois, en arrivant à l'aéroport de Busan, l'agent d'immigration me demanda où j'avais appris le coréen. J'ai répondu « Berlitz hakkyoro paeusumnida » (j'ai appris à l'école Berlitz). Il me félicita pour ma prononciation et me donna une poignée énergique pour me souhaiter la bienvenue.

En 2017, Itano, mon successeur à la présidence, inaugura un nouveau cours de conversation anglaise avec l'école en ligne Bizmates. Ce sont des cours quotidiens de 25 minutes. 13 membres du personnel peuvent les suivre. Sous condition d'avoir un accès Internet, les apprenants peuvent suivre ces cours où qu'ils soient. Bizmates enseigne la conversation anglaise essentiellement aux hommes d'affaires. L'école compte 400 instructeurs. Tous sont des professeurs d'anglais expérimentés originaires des Philippines, et les frais de scolarité mensuels s'élèvent à un montant raisonnable de 12 000 yens par étudiant.

Les instructeurs sont sympathiques et compétents, et d'après ce qu'il me semble, une année d'étude dans cette école suffirait à améliorer mes compétences de manière significative.

Apprendre des toilettes

Dans les toilettes du Paris Glove à Montréal, au Canada, les urinoirs étaient trop hauts pour moi. J'étais tout simplement trop petit. Cela me mit dans un embarras tel que je m'en ouvris au directeur de la division, qui avait à peu près la même taille que moi. Lequel partit d'un grand rire avant de me lancer, à la cantonade : « Eh bien, utilisez les toilettes assises ! »

Je me souviens, dans ma jeunesse, m'être un jour retrouvé dans la maison d'un membre d'Oomoto au pied du sanctuaire Konpira. Il y avait là un panneau sur lequel était inscrit un haïku de la tradition classique japonaise : « Avec le calme de l'esprit / utilisez votre main pour le guider droit / rosée du champignon ».

En visitant les toilettes pour hommes de l'ancien aéroport Hongqiao de Shanghai en 1988, je fus heureux de constater que, bien que ne sachant pas le chinois, je pus comprendre sans difficulté la consigne d'« avancer d'un pas » – un avantage de notre système d'écriture commun !

Dans les toilettes de Avon à New York, il y avait ce panneau : « Je n'arrive pas à croire que la vôtre soit si longue ».

En 2005, je me rendis à Vilnius en Lituanie pour assister au congrès mondial d'espéranto. Mes compagnons et moi voyageâmes en minibus depuis Varsovie, en Pologne voisine. La Lituanie est bien connue des Japonais pour les actions de Chiune Sugihara, consul adjoint au consulat du Japon à Kaunas, qui délivra des visas à six mille réfugiés juifs qui fuyaient l'Europe au début de la Seconde Guerre mondiale. Un fait qui lui valut d'être considéré comme l'un des « Justes parmi les nations ». Alors que nous venions de franchir la frontière avec la Lituanie, nous nous arrêtâmes à une station-service et allâmes aux toilettes. Elles étaient si propres que nous ne pûmes nous résoudre à les utiliser. Plus tard, nous nous arrêtâmes de nouveau et nous nous soulageâmes dans les bois.

Je fis l'expérience de nombreuses toilettes, en Corée, en Chine, en Éthiopie et ailleurs. Dans le Japon des années 1960, alors que je rendais visite à des sous-traitants, je fus profondément dégoûté par l'odeur intense des latrines à l'ancienne.

Chez Toa Leather, où mon père était directeur, la matière fécale était vendue aux enchères. À l'époque, la matière fécale était une denrée si précieuse que le personnel réprimait l'envie d'aller aux toilettes et se précipitait à la maison à la fin de la journée pour ne pas la gaspiller.

Lorsque nous dirigions des usines à Tokushima, j'allai aux toilettes de Tokushima Swany, et je constatai qu'il n'y avait pas de papier toilette. Ne trouvant rien d'autre, je déchirai la moitié inférieure de mon maillot de corps et je l'utilisai. De retour à la maison, j'entrai dans le bain et Yoshiko me dit : « Mais qu'est-ce qui est arrivé à ton gilet ? ». J'avais complètement oublié l'incident dans les toilettes.

Chez Swany China, les cochons attendaient affamés sous le siège des toilettes. Je ne peux pas être le seul à avoir de la peine pour ces cochons chinois qui n'avaient qu'un repas aussi misérable à attendre.

Lors du congrès mondial d'espéranto 2007 à Yokohama, un participant russe évoquait les toilettes handicapé japonaises en ces termes : elles sont propres et spacieuses et y mettrait-on un lit, ces toilettes dépasseraient en beauté ma propre chambre à coucher ».

Apprendre de Yoshiko

Depuis que nous sommes mariés, Yoshiko et moi avons pour habitude de prendre nos bains ensemble. Quand elle n'était encore qu'une écolière, ma plus jeune fille Yasuko me dit un jour juste après le dîner : « Papa, ce soir je vais te donner un bain. Tu as besoin d'aide pour prendre ton bain, n'est-ce pas ? Yoshiko me laisse encore aujourd'hui la rejoindre dans le bain. Et elle se plaint en riant que la baignoire est trop étroite.

Une fois que je sortais passablement fourbu d'une séance de gymnastique Nishi-shiki, je laissai négligemment reposer mes coudes sur la table du dîner. « Qu'est-ce que tu fais ? » me reprit vivement Yoshiko. « Je suis désolé, répondis-je, je suis juste exténué ». Mais elle revint à la charge : « Ça ne sert à rien de t'excuser ! ».

Il y a longtemps, nous reçûmes un invité la nuit. Je lui indiquai la sortie, et notre visiteur ferma le portail derrière lui en sortant. J'allai alors éteindre la lumière extérieure. Yoshiko me tança : « Pourquoi éteins-tu la lumière. Tu dois la laisser allumée jusqu'à ce que notre invité ait trouvé son chemin ! Ce n'est pas parce qu'il vient de quitter la maison qu'il n'existe plus ! »

Chaque fois que nous avons un invité, Yoshiko s'applique à ranger et à nettoyer la maison de fond en comble. Si je dis : « Ça suffit maintenant, c'est assez rangé », elle répond : « Non, ça ne suffit pas ! » et poursuit son ménage sans faiblir. Je l'intime de passer à autre chose, mais elle ne m'écoute pas. « Si vous ne pouvez pas les vaincre, ralliez-les » dit l'adage. Aussi me retrouvai-je bien souvent le plumeau à la main pour chasser la poussière de la maison en sa compagnie. Chez nous, la poche de mon sac Swany fait parfois office de poubelle.

Chaque matin, après m'être rasé et peigné, mon épouse passe en revue chacun des aspects de mon apparence physique et vestimentaire ; si j'ai des épis, elle me lisse les cheveux en les mouillant soigneusement au peigne pour assurer qu'ils ne se défassent pas. Elle me débriefe autrement dit : du boutonnage de la chemise à la fermeture de la braguette, en passant par les bonnes manières de répondre au téléphone, large est la palette de ses conseils.

Il y a environ deux ans, mon épouse me fit une énorme frayeur. « Toi qui parles toujours d'égalité entre les sexes me dit-elle : pourquoi ne préparerais-tu pas le dîner à ton tour ? » Après mûre réflexion, je trouvai un moyen de conjurer ce péril inattendu en lui prodiguant chaque soir avant le coucher un massage des cervicales et des épaules d'une quinzaine de minutes.

Le sujet de l'apparence personnelle me rappelle un roman publié sous la forme d'un roman-feuilleton dans le journal *Nikkei* en 2019 : *Michikusa-sensei* de Shizuka Ijūin. Le roman raconte l'histoire de Natsume Sōseki, auteur japonais du début du vingtième siècle. Dans le roman, Sōseki apprend de son frère aîné que « La plupart des gens jugent et évaluent les autres en fonction de leur apparence. Oui, vous ne rêvez pas : le critère d'évaluation de la valeur personnelle des individus, c'est la toilette, l'apparence la plus immédiate ! »

C'est Hiroko Ikeda, du « Human Science Research Institute », qui m'apprit, il y a trente ans, à garder un miroir à main sur mon bureau. J'ai ainsi un accès rapide au reflet du miroir posé sur mon organiseur de bureau. Reflet qui me permet de garder toujours un œil sur mon image. J'appris en outre à ranger mes affaires en les regroupant autant que faire se peut à un même endroit. Manière de faire qui permet de gagner le temps autrement perdu à les chercher.

Entre nous, je pense que ma femme et moi – elle, avec sa sensibilité pénétrante, et moi, avec mon cuir bien épais – formons un couple complémentaire et donc assez équilibré.

Apprendre de la dactylographie

En 1964, je commençai mes voyages d'affaires à l'étranger, accompagné d'interprètes. Je transmettais les commandes par téléphone, et notre collègue de longue date, Hatsuo Matsumura, tapait l'accusé de réception de la commande, qu'il envoyait ensuite au client pour confirmation.

Les détails concernant la taille, les matériaux et autres étaient saisis sur la fidèle machine à écrire Olivetti. Je trouvai la frappe assez facile, et après environ une semaine de pratique pendant une demi-heure chaque jour, je m'étais suffisamment familiarisé avec la disposition des touches pour taper avec tous mes doigts sans regarder le clavier.

Lorsque je commençai à utiliser un traitement de texte, le vendeur me persuada d'opter pour le clavier japonais *thumb-shift*, où une touche couvre deux caractères. Je trouvai cela beaucoup plus difficile que le clavier latin, mais je réussis à assimiler la disposition des caractères en un mois seulement. J'emportai mon Fujitsu « OASYS Pocket » partout où j'allais. Au bout de quelques années, je me rendis compte que je pouvais taper sur ce clavier même dans le bus, y compris dans des endroits sans éclairage. Je n'écrivais plus les rapports de mes réunions d'affaires à la main, mais je les tapais sur mon traitement de texte.

Avec l'arrivée de Microsoft, le clavier japonais *thumb-shift* a disparu de la circulation et, à plus de soixante ans, je dus me mettre à apprendre la disposition du clavier JIS kana, que je trouvais plus lente de 20 %.

Au siège de Swany, où une centaine d'employés sont désormais équipés de PC, nous introduisîmes la dactylographie tactile en 2017, en offrant un prix de 10 000 yens pour l'atteinte de la note A et un autre de 10 000 yens pour l'atteinte de la note la plus élevée. Nous avions 11 employés qui étaient déjà des dactylographes tactiles compétents, et 28 autres ont maintenant gagné des prix, ce qui signifie que la proportion de dactylographes tactiles est passée de 10 % à 40 %.

Selon le consultant en gestion et auteur Kenichi Ohmae, en Corée et en Chine, les élèves du premier cycle du secondaire étaient encouragés à maîtriser la dactylographie tactile en leur donnant une claque sur l'épaule lorsqu'ils essayaient de regarder. Je m'inquiète pour l'avenir du Japon, qui a 20 ans de retard dans la numérisation et qui est très en retard dans la vitesse de frappe...

Apprendre à partir de la lecture

Au lycée, arrivé au troisième cours du jour, je m'abritais derrière mes livres pour prendre mon déjeuner. Mes notes étaient tout juste passables ; je ne prenais pas mes études au sérieux.

M. Page, le directeur de la Language House de Takamatsu, avait coutume de dire à cet égard : « Si votre japonais est bon, et si vous brillez au karaoké, l'anglais pour vous ne sera pas un problème ». En anglais, je me débrouille à l'oral, mais je ne sais pas l'écrire. Et il est probable que je ne serai jamais capable d'écrire ne serait-ce qu'une carte postale en anglais sans avoir besoin d'un dictionnaire.

Dans son livre *Letters of a Businessman to His Daughter*, Kingsley Ward écrit : « Quel que soit le volume de lecture que vous êtes capable d'avaler, si vous ne lisez que des romans, vous perdez votre temps. Il y a tant à apprendre dans la lecture d'ouvrages non romanesques ».

Carl Hilty avisait quant à lui ses lecteurs à adopter des habitudes de lecture régulières dès le plus jeune âge et de ne jamais lire pour simplement assouvir un besoin de distraction ».

J'admets volontiers qu'il s'agit là d'une position plutôt extrême. Et je suis par ailleurs persuadé qu'il existe pléthore de romans dont la lecture est digne d'intérêt. Je m'efforce, cela étant autant que possible à restreindre mon activité de lecture à la lecture d'ouvrages non fictionnels. Et pourtant, si vous me demandiez ce que j'ai appris de mes lectures, je serais bien en peine de vous le dire. La valeur de cette expérience est mise en exergue de manière admirable par un de mes mentors, Hidemaru Deguchi : « Lire des livres est une bonne chose, mais vous enrichir des expériences de la vie, voilà la chose qui compte vraiment ».

En 2014, je rejoignis la Sapie Library, une bibliothèque en ligne qui propose un service de livres audio pour les malvoyants. Soit un catalogue de 500 000 livres audio enregistrés par 220 équipes dans tout le pays. Pouvoir lire un livre allongé, les yeux fermés, en l'écoutant avec un casque est une chance inestimable ! Ces enregistrements rendent de mon point de vue les œuvres d'autant plus captivantes. À titre d'exemple, sur les 45 livres en japonais que compte la bibliographie de Donald Keene, spécialiste de la littérature japonaise né aux États-Unis, 26 sont disponibles sous forme de livres audio.

Je découvris cette bibliothèque suite à une opération de la cataracte. Lorsque je lisais, mes yeux me faisaient souffrir au bout de quelques minutes. Un vieil ami du lycée, Rikuo Satō, m'en parla. Je m'inscrivis à la bibliothèque préfectorale de Kagawa à Takamatsu. Il fallait simplement remplir un formulaire renseignant la nature de mon handicap. Une fois inscrit, je me procurai un logiciel dédié à télécharger sur mon PC, d'une valeur de 20 000 yens. Une clé pour toutes leurs merveilleuses lectures.

Curieusement, il me semble que les livres impriment mieux ma mémoire lorsque je les lis moi-même que lorsqu'on les lit pour moi. Ainsi, quand un livre audio m'intéresse, j'en achète la version papier et je le relis. Sur les sites de vente en ligne, on trouve des livres à tous les prix, et on peut se les faire livrer à sa porte le lendemain pour seulement 250 yens de frais de port. Il m'arrive donc aujourd'hui d'acheter sur des sites comme Amazon et Rakuten.

Apprendre de la prière

Au cours du dernier demi-siècle, j'assistai aux prières matinales à 6h30 chaque matin à la branche Shirotori d'Oomoto, et le premier jour de chaque mois, je priai par ailleurs au sanctuaire Shirotori – une coutume instaurée par mon père. Après les prières, j'allai au travail et je mettais la climatisation en marche, prêt pour commencer à sept heures.

J'expérimentai le culte également à l'étranger.

Un dimanche vers la fin de l'année, je marchai vers le nord du centre d'Helsinki pendant 15 minutes. La température était de -30 °C. J'étais transi de froid et mes genoux tremblaient. En arrivant à l'église Temppeliaukio qui était taillée dans la roche, guidé par le son de l'orgue, je fus surpris d'y trouver une congrégation de plusieurs centaines de personnes, en dépit de la météo extrême qui régnait sur les lieux. J'étais le seul Japonais présent.

Avec M. et Mme Schiller à l'église St. Hugo, 1978

M. Schiller, un acheteur de K-Mart à Détroit, était un client difficile. Notre première rencontre tourna court. Il me rabroua en me lançant : « Je suis le meilleur acheteur du monde ! Je ne veux voir que les meilleurs gants du monde ! Et au prix le plus bas ! » Après cinq ans d'efforts tenaces, je réussis cependant à faire des affaires avec lui, et je me rendais une fois à l'église avec lui et Mme Schiller. Ils appartenaient à la paroisse de l'église St Hugo of the Hills. C'est la seule et unique fois où j'assistai à un office religieux accompagné d'un client.

Depuis l'exposition Oomoto « *L'art d'Onisaburo Deguchi et de son école* » qui eut lieu à la cathédrale de St John the Divine à New York en 1975, j'assistai à de nombreuses reprises aux offices religieux de la cathédrale. Un dimanche, après avoir assisté à la Sainte Eucharistie, je fus sidéré d'entendre le doyen James Parks Morton annoncer ma présence à l'assemblée. Il demanda à l'assistance de me faire bon accueil en me citant par mon nom.

Je priai par ailleurs à l'église de l'Incarnation, à la cathédrale St Michael de Toronto et à la cathédrale Saint-Jacques de Montréal. Au Japon, je dis mes prières en divers temples et sanctuaires, qu'ils soient shinto ou bouddhistes. Les sanctuaires Heian et Kasuga notamment. Je dirais que toutes les religions du monde ont des racines communes.

Le shinto japonais est centré sur la croyance en *kototama* : le pouvoir des mots. De la même manière, l'Évangile chrétien enseigne : « Au commencement était la parole, et la parole était avec Dieu, et la parole était Dieu ». Ma prière cherche à rendre grâce pour les bénédictions du Ciel et de la Terre ; la communion des religions, des nations et des communautés linguistiques.

J'ai jusqu'à présent, dans ma vie, tenté comme j'ai pu d'apprendre le plus possible du monde qui m'entoure et de mettre en pratique mes connaissances.

PARTIE 2.

RÉPONDRE AUX BESOINS DE SOUTIEN

Commentaires des utilisateurs du sac Swany

« J'ai marqué le coup lorsque mon médecin m'a suggéré d'utiliser un déambulateur, mais j'ai découvert le sac Swany dans le grand magasin Keio. Maintenant, je l'emporte partout avec moi » (N, Tokyo).

« À la gare de Tokyo, j'ai constaté qu'il n'y avait pas de sièges dans la salle d'attente, l'assise du sac m'a donc été très utile. Le sac m'a soutenu tout au long du long quai. Je ne pouvais pas demander mieux » (Y, Ichihara).

« Il y a cent mètres entre ma porte et le parking, et c'est comme un rêve d'être soutenue en portant mes bagages. C'est merveilleux parce que cela me donne un sentiment de sécurité ». (H, Yokohama)

« Lorsque je rencontre un autre utilisateur de Swany, même un parfait inconnu, nous entamons une conversation sur nos sacs, et je me suis déjà fait beaucoup d'amis de cette façon ». (I, Kanazawa)

« À Singapour, quelqu'un m'a demandé où j'avais acheté mon sac. Quand je lui ai dit que je l'avais acheté au Japon, il a été très déçu. Je suis plein de gratitude envers l'inventeur de ce super sac ». (M, Fukuoka)

En 2013, le nombre de sacs Swany expédiés chaque année est passé à plus de 110 000. La plupart des 8 000 cartes postales de questionnaire que nous recevons en retour des clients chaque année expriment leur satisfaction et leur gratitude. Mais avant que le sac et l'aide à la marche combinés n'apparaissent et ne soient acceptés, d'innombrables obstacles durent être surmontés.

Découverte

Lors de mon troisième tour du monde en 1966, une boutique de bagages située juste au sud de l'Empire State Building à New York attira mon attention. En vitrine, il y avait une valise avec des roues de 75 mm. Munie de roues aussi robustes, pensai-je, on n'aura pas besoin de la soulever ! Je voulus en savoir plus.

J'entrai sans attendre pour en acheter une d'une valeur de 70 dollars. J'y emballai mes échantillons de gants et mes effets personnels. Je partis en m'appuyant sur ma nouvelle valise. Une fois remplie, la valise supporta le poids de mon corps, et j'en ressentis, corps et âme, un très grand soulagement. Le port d'un bagage de 15 kg m'était si pénible que j'en étais arrivé au point où je craignais devoir, à terme, renoncer, purement et simplement, à mes voyages à l'étranger.

À chacun de mes séjours en Amérique, j'achetais une de ces valises. Il y en avait donc une vingtaine stockées dans les bureaux de l'entreprise. Le personnel commença à les utiliser, et elles devinrent très populaires. Elles pouvaient transporter sans encombre des charges d'une centaine de kilos.

Lorsque je voyageais à l'étranger, j'avais l'habitude de ranger mes affaires dans les tiroirs de la chambre d'hôtel et d'emporter ma valise vide pour m'appuyer dessus lorsque je sortais manger. On me regardait avec suspicion lorsque j'entrais dans les grands magasins, et le personnel de sécurité m'ordonnait souvent d'ouvrir ma valise. Lorsqu'ils voyaient qu'elle était vide, ils s'excusaient et me laissaient passer.

Mais lorsqu'elle était pleine de gants, la valise pesait environ 20 kg, et dans les escaliers, je devais monter une marche avec mon pied gauche tout en me tenant à la main courante de la main gauche et en tirant la valise avec la main droite, ce qui signifiait que la charge sur ma jambe gauche était le double de ce qu'elle aurait été pour une personne ayant une bonne jambe droite. Même vide, elle pesait 7 kg, et monter et descendre des taxis avec elle en main était une vraie gageure.

Malgré tout, cette valise me mit sur la piste d'une intuition décisive. Dans les terminaux des grands aéroports, il n'y a le plus souvent rien d'aménagé pour aider les personnes handicapées à se déplacer. Restait à concevoir un sac suffisamment petit pour être embarqué comme bagage à main, et en même temps suffisamment stable pour qu'on puisse s'y appuyer comme sur une grande valise. Si un petit sac pouvait supporter le poids du corps, pensai-je, nos voyages s'en trouveraient grandement facilités.

Défis dans le développement du sac de marche

Après avoir déposé ma valise au comptoir d'enregistrement de l'aéroport, l'idée d'une mallette munie de roulettes et d'une poignée, facile à emporter partout, fit son chemin dans mon esprit. Mais, pris dans le flot des tâches exigeantes inhérentes à ma fonction de représentant chez Swany, 30 ans supplémentaires s'écoulèrent au cours desquels je continuais d'arpenter les aéroports en rêvant d'un modèle de sac à roulettes porteur.

Avec une crise financière systémique et le réchauffement climatique qui commence à devenir une réalité, les ventes de l'industrie du gant ont chuté de 66 à 35 milliards de yens. Lever la contrainte liée à la saisonnalité de notre produit phare en développant des produits commercialisables tout le long de l'année devint une urgence. À cet effet, en 1992, une série de réunions stratégiques fut organisée. Réunions au cours desquelles nous examinâmes des produits tels que les cravates, les chapeaux et les gants de travail. Tous ces marchés étaient très concurrentiels et il était clair que nous n'avions pas les ressources nécessaires pour les dominer.

Mon jeune frère et directeur exécutif senior Asao suggéra alors de fabriquer des valises comme celles que j'avais achetées. Nous en élaborâmes quelques-unes, en nous inspirant de ces modèles américains. Mais le résultat fut d'un amateurisme assez décevant. Nous décidâmes de concevoir le sac de soutien corporel compact dont j'avais rêvé pendant toutes ces années.

En 1995, nous commençâmes à travailler sur le prototype du sac de soutien. Notre tâche consistait à fabriquer un produit doté d'une poignée pouvant soutenir le corps sans se déformer et de roues pouvant tourner librement.

Nous eûmes l'idée d'un sac divisé par une cloison au centre, la poignée étant fixée à cette cloison. Comme l'intérieur du sac était divisé en deux compartiments distincts, il ne pouvait contenir que des articles relativement fins, et nous eûmes du mal à le vendre. Mais ceux qui l'achetèrent nous dirent : « C'est le genre de sac que je cherchais. »

Je continuai à chercher un sac qui pût contenir des objets plus volumineux tout en soutenant le corps. Le problème était que si la poignée n'était pas au milieu, elle n'offrait pas le soutien nécessaire, mais si elle était au milieu, le sac ne pouvait pas contenir de gros objets. Mon collègue Yoshio Takahara, armé d'une dextérité légendaire et d'un ensemble complet de machines-outils, poursuivit le développement, en essayant un dispositif extensible ressemblant à une échelle. Mais ce dernier fut rejeté, car il était trop instable.

Contraint de recourir à des pièces chinoises pour des raisons de coût, je me rendis à Shanghai en 1996 pour discuter avec des fabricants de pièces de bagagerie, mais sans succès. Une nuit, épuisé, j'allai dormir dans ma chambre d'hôtel, et je me réveillai au milieu d'un rêve dans lequel j'avais l'idée de plier les sections tubulaires de la poignée télescopique. Je sautai du lit, m'emparant de mon papier millimétré pour commencer à dessiner. En conférant à la poignée latérale une courbe d'un rayon de cinq mètres, la poignée du sac pouvait rester alignée avec le milieu du sac lorsqu'il était déployé. Je trouvais ainsi le moyen de résoudre le problème de la stabilité.

Une expression résonna alors dans mon esprit : « Tu l'as fait ! ».

Ce n'était pour l'heure qu'un succès théorique. Lorsque nous demandâmes à cinq des principaux fabricants japonais d'aluminium s'ils pouvaient fabriquer des tubes courbes en trois épaisseurs (épaisse, moyenne et fine), ils répondirent tous que c'était impossible. Nous approchâmes ensuite dix fabricants de poignées à Taïwan, mais leur réponse fut la même. Une seule entreprise déclara qu'elle pouvait couper les tubes à la longueur requise et leur donner une courbe d'un rayon de cinq mètres à l'aide d'un dispositif hydraulique. Après des dizaines d'essais, le Swany Bag, la « rampe ambulante » dont je rêvais depuis 30 ans, voyait enfin le jour.

L'invention d'un sac à roulettes qui, poussé sur le côté, offre une surface de maintien au corps en station verticale, entraîna une transformation significative dans l'univers du bagage.

Selon la formule d'Edison : « L'invention, c'est 1 % d'inspiration et 99 % de transpiration. » Et, de fait, cela se vérifia avec mon sac – le 1 % d'inspiration fit que tous les efforts en valurent la peine.

Un long chemin vers l'acceptation

La mise au point du « sac de marche » de soutien corporel, tant recherché, fut une source de jubilation, mais nous étions toujours confrontés à la tâche de la commercialisation. Contrairement à mes attentes, les ventes n'augmentèrent pas d'un iota pendant trois ans.

Voulant populariser ce sac par tous les moyens, je fis moi-même le tour des boutiques de bagages dans tout le pays. La plupart des employés des magasins se montrèrent sceptiques quant au fait qu'un sac offrant une surface d'appui au corps en station verticale puisse devenir une réalité. D'autres refusèrent même de croire qu'une telle chose pût avoir le moindre intérêt commercial. Environ 10 % des gérants de magasins que je visitai en prirent quelques-uns. « Ma grand-mère en aura sûrement l'usage », entendait-on dire par exemple. Le nombre de magasins qui s'en portèrent acquéreurs augmenta progressivement. Ensuite, nous commençâmes à recevoir des retours positifs de personnes qui aimaient le sac. Il devient vite clair qu'une demande existait bel et bien pour ce produit.

Mais un puissant « ennemi intérieur » apparut alors. Six chefs de division de l'entreprise, dont aucun n'était handicapé, ne pouvaient pas comprendre les besoins des personnes handicapées. À chaque réunion mensuelle, ces six personnes faisaient pression pour que l'entreprise se retire du marché des sacs. Je comprenais leur peur de la faillite, et je me sentis isolé et accablé. Voyant que je versais des dizaines de millions de yens dans ce sac déficitaire, ils en vinrent à me laisser entendre que si je voulais poursuivre ce projet, ce serait seul.

En septembre 2000, après avoir enregistré des pertes cumulées de 400 millions de yens, je dus choisir entre me retirer ou continuer. Incapable de me défaire de ma conviction que ce produit trouverait un jour les faveurs du public, je décidai de prendre le taureau par les cornes.

J'avisai Shūji Isei, chef de la division des sacs, de mon intention de démettre de leurs fonctions les cadres qui s'étaient opposés au sac pour les remplacer par des profils plus jeunes. « Si vous faites cela, l'entreprise va s'effondrer ! » protesta-t-il.

Dans une ultime tentative de renversement de situation, j'élargis l'étiquette du produit au format d'un livre y incluant une photo de moi me soutenant avec un sac Swany. Sur l'étiquette figuraient les mots suivants : « Après avoir fait cent fois le tour du monde, souffrant des séquelles de la polio infantile, j'ai réfléchi à la manière de faciliter les voyages, et j'ai mis au point un sac sur lequel on peut s'appuyer en marchant. Etsuo Miyoshi, président de la société de gants Swany ».

Je ne sais pas dans quelle mesure cela fut grâce à l'étiquette, mais le sac déambulateur commença à faire parler de lui et les sociétés de vente par correspondance utilisèrent mon histoire dans leur publicité. Nous fournîmes 700 sacs qui reçurent une publicité gratuite à l'exposition florale d'Awaji. Le journal *Nihon Keizai Shimbun a* publia un article sur le sac Swany, qui passa également à la télévision nationale. Cet automne-là, nous pûmes fêter la réalisation de notre objectif de vente, les menaces de licenciement se dissipèrent, et les voix dissidentes se turent.

Au cours des deux années où la division des sacs était sur la sellette, mon frère aîné Hajime Tani vint de Tokyo pour prendre part aux réunions mensuelles. Il fut un rempart contre les six dissidents et il m'aida à surmonter cette crise. Aujourd'hui, le sac Swany représente 25 % de nos ventes et son avenir est assuré.

Roulettes silencieuses et à rotation libre

Lorsque les ventes du « sac de marche » décollèrent, les commentaires de clients commencèrent à affluer, signalant que les roues étaient bruyantes, et qu'il fallait parfois soulever le sac du sol pour atténuer ce vacarme. Ce problème fut pour moi la source de nombreuses insomnies et je passai de nombreuses heures à réfléchir à une solution. C'était en 2003. Alors que je tâchais de résoudre ce problème de nuisance sonore, je visitai le salon international du soin à domicile et de la rééducation au centre d'exposition Big Sight de Tokyo. À ce salon je découvris un fauteuil roulant dont la roue avant ne disposait que d'un seul roulement central. Je pensai immédiatement aux économies réalisées en termes de coût, de bruit et de poids.

Toutefois, en raison de problèmes techniques, Swany ne put en faire un produit commercialisable. Je visitai Hammer Castor, le principal fabricant japonais de roulettes, et je sollicitai son président, Haruichi Yoshida, afin qu'il me donne des conseils techniques en matière de technologie des roulements. Les techniciens étaient réunis et ils m'apprirent qu'en posant un roulement huilé sur le côté, on pouvait faire tourner une roulette de manière silencieuse et libre, mais que la résistance était réduite d'environ 30 % ; nous élaborâmes donc une méthode de renforcement, pour laquelle nous obtînmes un brevet.

Pour en faire des produits commercialisables, j'allai à Shanghai à cent reprises en l'espace de sept ou huit ans. Après avoir investi des dizaines de millions de yens, nous mîmes au point une roulette qui se déplace silencieusement d'une simple pression du doigt, même lorsqu'elle est chargée de six bouteilles d'eau de 2 litres. Dans sa huitième réalisation, une roulette de 60 mm à la pointe de la technologie, dont l'axe et la partie de changement de direction sont supportés par huit roulements à huile, fit sa première apparition. La roue peut également être changée facilement à l'aide d'un simple tournevis.

« Cela roule comme en rêve, et les roulettes n'ont pas cassé, même après dix ans d'utilisation. Le prix est élevé, mais il a été amorti sur le long terme ». (I. Ibaraki)

« Cela roule librement et avance en douceur. Comme j'ai une mauvaise jambe, je suis ravi d'avoir trouvé ce sac ». (S. Akashi)

Apprécié par les personnes non handicapées

Les réponses à la question « Pourquoi avez-vous acheté un sac Swany ? » dans notre questionnaire étaient les suivantes : souplesse d'utilisation, 41 %, assistance, 36 %, et maniabilité 22 %. La forte proportion d'utilisateurs qui répondirent « souplesse d'utilisation » plutôt que « assistance » suggère que le Swany Bag est utilisé par de nombreuses personnes non handicapées. Voici quelques-uns des commentaires que nous reçûmes.

« Grâce à sa doublure brillante, il est facile de trouver des objets à l'intérieur, et il suffit de poser la main dessus pour qu'il se déplace avec vous. C'est plus facile que de marcher les mains libres. C'est mon bon compagnon, et il porte aussi mes affaires à ma place ! » (M. Tokyo)

« Je pensais que ces sacs étaient destinés aux personnes âgées, mais maintenant que je l'ai essayé, j'ai l'impression que le Swany me tire ! Même avec cinq kilos d'affaires à l'intérieur, je peux marcher comme si je flottais ». (R. Yokohama)

Sac avec roues interchangeables

Jusqu'à présent, le sac était cousu, puis le cadre inséré, la poignée et les tubes fixés, et les roues étaient alors collés, mais cela impliquait une multitude de processus et de pièces, et le sac était susceptible de se casser et son coût risquait d'être élevé. Je décidai que nous devions viser une nouvelle structure qui permettrait d'adapter n'importe quel sac sur une base avec des roues et une poignée.

Cette idée fut d'abord impopulaire au sein de l'entreprise, la raison invoquée étant que les gens n'achèteraient pas un sac dont le cadre est exposé. Mais l'avantage était que, comme le sac pouvait être facilement retiré, le cadre et les roues, qui ramassaient la saleté de la rue, pouvaient être laissés près de la porte et le sac, ainsi désolidarisé de l'ensemble, pouvait être apporté seul dans la pièce à vivre. Ce fut le facteur décisif dans l'octroi du brevet. Je persévérai et aujourd'hui, 20 ans après en avoir eu l'idée, 90 % de nos sacs sont de type amovible.

« Ses avantages sont la capacité, la légèreté, la facilité de déplacement et, surtout, le fait que le sac peut être détaché du cadre. C'est important parce que ma fille est obsédée par la propreté et elle ne me laisse pas apporter le cadre dans la chambre ! » (S. Matsudo)

« Je retire toujours le sac de son cadre avant de l'introduire dans la pièce. Ce sac remarquable est le produit de la propre expérience de vie de M. Miyoshi. Je regrette de ne pas en avoir acheté un plus tôt. » (I. Tanba).

Le point de vue des personnes handicapées

À l'âge de soixante ans, je fis installer une rampe à l'entrée de notre maison. En rentrant chez moi, je remarquai que la rampe s'était légèrement déplacée sur le côté. Ma femme me dit qu'elle l'avait déplacée parce qu'elle était plus belle à cet endroit. Ce à quoi j'objectai, du point de vue de l'utilisateur handicapé : « Oui, mais la commodité est plus importante que l'apparence. » Au cours de l'échange qui suivit, ma femme dit : « Dans ce cas, quel est l'intérêt de remettre la gestion du sac Swany à un successeur qui n'a pas de handicap ? » Elle marquait là un point. Seule une personne handicapée, en effet, pouvait vraiment comprendre les besoins des personnes handicapées. Je décidai sur-le-champ d'engager une personne handicapée.

Keiji Bandō, un designer travaillant sur la conception assistée par ordinateur et qui se blessa à la hanche lors d'un accident, travaille actuellement chez Swany. Il travaille désormais activement à la mise au point de produits parfaitement adaptés aux personnes handicapées, tout en étant fermement convaincu qu'ils peuvent également plaire aux personnes non handicapées.

« Lorsque j'étais sur le point d'embarquer dans un avion avec mon sac Swany, un membre du personnel de la compagnie m'arrêta, mais lorsque j'expliquai que je ne pouvais pas marcher sans lui, on m'autorisa à passer » (Y, Machida).

« Je suis tombé dans le désespoir suite à une blessure à la jambe, mais depuis que j'ai découvert le Swany Bag, ma vie n'est plus la même. Je peux maintenant être pleinement actif au centre communautaire local et dans la chorale locale ». (A. Kōchi).

Répondre aux besoins des femmes

En 2003, le directeur d'un certain magasin de bagages à Tokyo me dit : « Vos sacs sont excellents du point de vue fonctionnel, mais le design laisse beaucoup à désirer. Vous ne laissez pas vos équipes s'occuper du design, n'est-ce pas ? » J'étais en effet le responsable de cette situation, j'eus honte d'entendre cela et je décidai sur-le-champ de tout faire pour étoffer la part de notre effectif féminin. C'est alors que Misuzu Watanabe, du département administratif, conçut le souhait de s'impliquer dans la planification de la production. Sa mère était handicapée et elle avait perdu un enfant à cause d'une maladie, et elle voulait mettre son expérience au service de la planification de la production en se basant sur les principes de la conception universelle, qui vise à rendre les produits accessibles à tous.

La série Monogramo, conçue pour « l'adulte moyen brillant », est l'une des créations phares de Mme Watanabe, dont plus de 50 000 exemplaires furent produits en 10 ans. Ce sac, avec une note de noir et un lustre émaillé opulent, avait une capacité généreuse, ce qui le rendait adapté au travail et aux sorties. L'une de ses innovations a été de rendre le sac facilement extensible vers le haut pour contenir des articles supplémentaires.

En tant que membre de l'équipe de développement des produits, Mme Watanabe est occupée tous les jours à écouter les commentaires des clients et à relayer leurs souhaits à l'usine. Elle est enthousiaste à l'idée de fabriquer des produits qui favorisent un mode de vie fait de sorties et de voyages pour des personnes qui n'étaient peut-être pas enclines à sortir de chez elles auparavant.

« Il est léger et élégant, et les gens me complimentent souvent à ce sujet. Cela me donne le sourire ». (K. Yokohama)

« Le design est de haute qualité. Les gens me demandent : 'C'est fabriqué en Italie ?' C'est super fonctionnel et silencieux, aussi. Plus je le polis, plus il brille. C'est une vraie révélation. » (O. Kawasaki)

Un sac à main sur lequel s'appuyer

En 2007, des clientes commencèrent à nous faire part d'avis tel que : « Ce serait bien d'avoir un sac à main sur lequel je pourrais m'appuyer ». « Mon sac à main est si lourd que j'ai l'impression de me promener avec des lingots d'or à l'intérieur ». Je décidai de vérifier le sac à main de ma femme pour voir à quoi il ressemblait. Maquillage, miroir, téléphone portable, lunettes, agenda... oui, c'était effectivement un sacré poids. C'est une chose dont les hommes ne se rendent pas compte.

Nous entreprîmes de créer, sur ce, le plus petit sac à roulettes du monde. Nous commençâmes par introduire une petite taille de cadre, qui n'existait auparavant qu'en deux tailles, grande et moyenne. Ce modèle disposait d'un plancher de 21,5 cm × 15 cm avec une hauteur de 27 cm.

Nous augmentâmes le nombre de sections tubulaires de trois à quatre. Même avec une hauteur de seulement 27 cm, la poignée devait tout de même atteindre 90 cm. Pour que les quelque 20 pièces différentes à l'intérieur de la poignée soient aussi basses que possible, nous fîmes preuve de beaucoup d'ingéniosité en effectuant des ajustements de conception à un niveau inférieur au millimètre. Nous finîmes par obtenir une poignée qui, bien que légèrement anguleuse, pouvait supporter le poids du corps sans que l'utilisateur ne ressente la moindre gêne dans la paume de la main.

« Bien que les manches des autres marques que j'ai essayées soient plus profilés, ils me faisaient deux ou trois fois plus mal à la main. Je suis content d'avoir opté pour le Swany. » (T. Shijōnawate)

« Je suis d'un âge où j'hésite à utiliser une canne. Ce sac, avec son grand espace, rend agréables les promenades et les sorties. » (K. Naha)

Un sac sur lequel on peut s'asseoir

Ensuite, des demandes pour un sac muni de siège commencèrent à nous parvenir, et en 2003, nous mîmes au point le premier sac avec siège. Cependant, sa durée de vie était courte en raison de la façon dont le siège se repliait.

Le deuxième modèle était doté d'un système de pliage mécanique, mais il n'était toujours pas à touche unique. Ce sac fut populaire auprès de nos clients et enregistra des ventes en continu pendant plus de cinq ans.

Beaucoup de travail fut consacré au perfectionnement du troisième modèle, qui sortit en 2015. Le siège pouvait s'ouvrir et se replier d'une simple pression. Il compte de nombreux utilisateurs heureux, même s'il présente l'inconvénient d'être assez lourd.

« Si je me sens fatigué, je peux m'asseoir pendant un moment et récupérer. Je peux m'asseoir en attendant le train, et il me soutient pendant que je marche. Je pense que c'est le meilleur sac du monde ». (A. Niigata)

« Mon fils se rend à l'école avec. Il peut y mettre tous ses livres, et il peut s'asseoir et étudier en attendant sur le quai de la gare. Il aime le siège ! » (H. Tokyo)

Sac compartimenté pour les personnes ayant des problèmes de dos

Ensuite, pour répondre aux besoins des personnes dont la motricité du bassin est réduite ou qui souffrent de douleurs lombaires, nous introduisîmes un nouveau produit avec des compartiments supérieurs et inférieurs, qui permettent d'emballer et de déballer sans avoir à se pencher. Il s'agit du « Dumano ».

« Je me suis fait mal au dos et je ne peux plus me pencher, alors j'utilise le Dumano à deux compartiments. Il est idéal pour les séjours d'une ou deux nuits. S'il vous plaît, fabriquez plus de sacs à deux compartiments. » (T. Minoo).

« Je ne peux pas me pencher à cause d'une douleur dans le bas du dos. S'il vous plaît, faites plus de sortes de Dumano. Les sacs Swany sont absolument indispensables pour moi. » (Y, Tokorozawa).

Le nom Dumano est un mot composé de l'espéranto *du* (deux) et *mano* (main).

Je suis un locuteur de la langue internationale espéranto, qui est facile à apprendre et qui offre la liberté de faire des mots composés. L'enregistrement des marques anglaises devient chaque année plus difficile, et chez Swany, nous nous tournons vers l'espéranto pour nos marques. Avec encore environ un million de locuteurs dans le monde, cette langue n'est pratiquement pas exploitée !

Naissance de la butée à quatre roues

Nos nouveaux produits trouvent toujours leur origine dans les commentaires de nos clients. Après que de nombreux utilisateurs nous aient dit que les roues tournaient trop doucement et qu'il fallait les freiner, nous introduisîmes des butoirs à deux et quatre roues.

Dans un train, les quatre roues doivent être arrêtées. J'en fis l'expérience à plusieurs reprises en voyageant sur la ligne Takamatsu-Tokushima. Même si une seule roue tourne, le sac s'échappe. Arrêter les quatre roulettes pivotantes nécessiterait une ingéniosité digne d'un prix Nobel. Mais grâce à la persévérance de Gorō Hashimoto, de la division des services, une nouvelle technologie vit le jour, qui arrête le sac en rendant les quatre roues perpendiculaires les unes aux autres.

Idéalement, il devrait être possible de le faire en tenant la poignée, sans avoir besoin de se baisser pour actionner un levier, mais il existe un certain nombre de difficultés à cet égard en raison des propriétés des roulettes oscillantes. Cependant, Swany rendit possible ce qui était considéré comme impossible par le passé et nous espérons, en utilisant toutes nos ressources, résoudre les derniers problèmes liés à ce système de roulettes oscillantes.

« Les roues du nouveau sac amélioré sont plus grandes et moins susceptibles de se coincer dans les rainures, et elles ont aussi une butée. J'en suis très satisfait. » (K. Tokyo).

« Grâce à la butée, je n'ai plus à m'inquiéter. Je suis bénévole dans le domaine de la musique, et des objets comme les ukulélés et les pupitres à musique sont susceptibles de tomber si les roues se mettent à rouler. Mais maintenant, je peux dormir tranquille. » (K. Odawara).

Un Swany dans chaque main

Il y a de nombreux utilisateurs qui, comme moi, tiennent un sac Swany dans chaque main pour se soutenir. Même en montant des marches, nous pouvons tirer les sacs alternativement vers le haut, une marche à la fois, et de même pour descendre. Dans un fauteuil roulant, tout s'assombrit lorsque j'arrive à un changement de niveau, et pour moi, le Swany est plus précieux qu'un fauteuil roulant. Voici deux commentaires qui vont dans le sens de cette affirmation.

« Mes deux genoux ont été remplacés et je me soutiens avec un sac Swany dans chaque main. Je peux aussi porter des choses, et ma vie est une joie maintenant. Merci beaucoup. » (I. Tokyo).

« Avec les cannes, 100 mètres étaient ma limite, mais avec deux sacs Swany, je peux maintenant marcher aussi loin que je le souhaite. Ce sac est vraiment incroyable. » (Y. Funabashi)

Roues élargies

En 2013, suite à un certain nombre de requêtes, la roulette de 75 mm fut perfectionnée. Nous eûmes de nombreuses demandes de roues plus grandes, et celles-ci, par conséquent, poursuivirent leur développement, passant de 45 mm à 50 mm, 60 mm et 75 mm. Nous eûmes de nombreuses demandes pour changer les roues en 75 mm.

Un produit est néanmoins difficile à adapter à plus de 75 mm. Le Swany Bag doit continuer à offrir une surface d'appui dans un espace confiné, comme dans le train ou l'avion. Si les roues mesurent plus de 75 mm, elles risquent de s'entrechoquer au cours des changements de direction. 100 mm est possible, mais la largeur du sac devrait être augmentée, et dans un espace restreint, le sac n'offrirait plus aucune surface d'appui au corps. C'est un problème contrariant, mais nous souhaitons répondre à la demande de roues plus grandes dans la mesure du possible.

« Je vais toujours partout avec mon sac Swany. J'en utilise un depuis près de 15 ans. Les grandes roues permettent de marcher plus facilement. J'en suis vraiment reconnaissant. » (S. Kanazawa).

« Avec le passage à des roues plus grandes, il est devenu plus facile de marcher, même sur les chemins cahoteux. J'ai trois sacs, et je choisis lequel utiliser en fonction de l'usage que je veux en faire. Mon Swany m'accompagne tous les jours. » (N. Tokyo)

Roulettes silencieuses

Des utilisateurs nous firent également savoir qu'il serait bon que les roulettes fussent encore plus silencieuses. Bien que le bruit parasite émis par les roulettes en fonctionnement avait été assez largement circonscrit, la marge d'améliorations à apporter était encore substantielle.

« Mon Swany combine les rôles de sac, de remorque et de commode. Il est compact, léger et élégant. J'aimerais cependant que les roues soient plus silencieuses. » (K. Kobe).

« J'ai un handicap à la jambe. Je suis plus à l'aise avec le Swany qu'avec une canne. C'est mon premier 75 mm, mais j'espère que les roulettes pourront être plus silencieuses. » (Y. Nagoya).

Un sac plus léger

La force de soutien repose le lestage du sac. Le poids du sac est un domaine dans lequel les progrès ne peuvent être spectaculaires. Cet enjeu constitue sans doute le plus important défi qu'il me reste à relever.

« Comme je souffre d'un trouble des canaux semi-circulaires, qui affecte mon équilibre, je me fie à mon Swany partout où je vais. Je n'ai pas beaucoup de force, alors j'aimerais qu'il soit un peu plus léger. » (Y. Tokyo).

« Je me rends à mes cours de peinture en bus et en train. Mon Swany est un compagnon idéal, car il transporte tout mon matériel et me soutient également. Ne pourrait-on pas l'alléger un peu ? » (T. Tokyo).

Service après-vente

Dans notre entreprise, trois techniciens sont présents pour remplacer les roues ou les poignées, réparer les axes de connexion des tubes ou effectuer d'autres réparations et renvoyer le sac dans un délai d'une semaine. Nous sommes tous fiers que nos produits ne soient pas « un sac comme les autres ». Notre contact téléphonique s'occupe de tout sur place.

Les employés d'un magasin nous racontâmes qu'un client, lorsqu'on lui dit que la réparation prendrait une semaine, lui dit qu'il était impossible de marcher sans lui et insista pour en prendre un autre. Depuis lors, ils conservent un cadre en réserve pour le prêter aux clients en réparation.

« Merci d'avoir rendu mon deuxième Swany comme neuf. Je ne peux plus sortir sans lui. Ma femme elle-même en est devenue jalouse. » (Y. Kobe)

« Mon Swany réparé est revenu plusieurs jours plus tôt que prévu. Il a été nettoyé de fond en comble et semble tout neuf. Merci beaucoup. » (K. Hirakata).

Demandes d'études supplémentaires

Voici quelques commentaires qui présentent de nouveaux défis à relever à l'avenir.

« J'aimerais avoir un support pour une canne ou un parapluie. » (K. Tokyo)

« Je voudrais un crochet sur la poignée pour suspendre un sac à provisions. » (H. Tokyo)

« J'ai acheté la taille S, mais en fait j'aimerais quelque chose d'encore plus petit. » (H. Umeda)

Des clients fidèles

Shigenobu Ushiro, le directeur de la boutique de bagages Lovely à Osaka, est connu comme un expert Swany autoproclamé. Il passe une demi-heure avec chaque client pour expliquer de manière exhaustive les différentes caractéristiques du sac Swany et, en plus de dix ans, il constitua un dossier détaillé de qui a acheté quel modèle, qui contient maintenant plus de mille noms. Son magasin est le premier vendeur de sacs Swany au Japon, et il atteignit cette position sans accorder de points ni de remises, en vendant toujours au plein tarif.

En 2014, Boo Takagi, joueur de ukulélé et ancien membre du groupe de rock-comédie *The Drifters*, nous rendit visite chez Swany. Avec un Tino Sako Swany, qui n'était déjà plus produit, il s'émerveilla devant tous les sacs différents qui s'offraient à sa vue. Il regarda tous les sacs de petite taille et commanda le plus petit. Il est un utilisateur chevronné de Swany, possédant six sacs qu'il choisit en fonction de l'occasion. « À Hawaï, les gens me demandent toujours où j'ai acheté mon sac », nous dit-il. Nous fûmes également ravis d'apprendre qu'il traite ses sacs avec soin, les nettoyant toujours à fond avant de les sortir.

En Asie

En 2012, Mme Wong, propriétaire du grand magasin Metro à Singapour, vint au Japon. Pendant son séjour à Tokyo, elle remarqua le sac Swany et, instantanément attirée, en acheta un chacun pour elle et sa mère. Elle continua à acheter des sacs Swany pour faire du shopping et voyager.

Par la suite, elle commença à vendre des sacs Swany dans son propre grand magasin à Singapour. Bien que les frais de transport et les droits d'importation les rendent plus chers qu'au Japon, 10 000 sacs furent vendus et le Swany devint populaire parmi les personnes âgées et aisées de Singapour. Nos sacs trouvèrent également acquéreur en Malaisie et en Indonésie voisines.

Swany est en train de percer progressivement sur le marché de la « Grande Chine », à savoir Hong Kong, Taïwan et la Chine continentale.

Réunions de dépannage

Depuis 2017, nous organisons des « réunions de dépannage » pour les utilisateurs de Swany, et fin 2020, nous avions organisé 80 réunions, sur 13 sites.

L'un de ces lieux de rencontre est le grand magasin Keio de Tokyo, où le superviseur Hiroki Kawatani organise des réunions avec nos utilisateurs. Nous recevons des demandes telles que : « La poignée ne descend pas », « Je ne peux pas régler la hauteur » et « Les roues sont usées ».

Nous conseillons aux clients de remplacer les roues lorsqu'elles sont usées et nous les informons du fait qu'il existe un modèle avec des butoirs. Il arrive que notre personnel soit occupé jusqu'à tard dans la nuit à effectuer des réparations, et un client leur offrit un jour des gaufres aux haricots sucrés pour les récompenser de leurs efforts.

Ces réunions uniques de dépannage attirent un nombre croissant d'utilisateurs dans tout le pays.

Fauteuil roulant aminci

En 2003, ma jambe gauche, la bonne, commença à faiblir, et j'allai consulter les médecins de l'hôpital Shirotori. Ils m'ont dit que je souffrais du syndrome post-polio (SPP) et que je devais immédiatement me procurer un fauteuil roulant. J'ai donc passé les trois années suivantes en fauteuil roulant.

J'ai toutefois commencé à avoir des doutes, et j'allai voir le professeur Kyōzō Yonemoto de la faculté de médecine de l'université Jikei à Tokyo, une autorité en matière de SPP.

À la clinique du professeur Yonemoto à Tokyo, il y avait six ou sept autres patients qui me regardaient tous en face. L'un d'eux finit par me demander : « N'êtes-vous pas le président de Swany ? » Je fus surpris d'apprendre que quatre d'entre eux avaient des sacs Swany. Pendant que nous bavardions, mon tour arriva, et le professeur Yonemoto lui-même sortit et appela : « M. Miyoshi, s'il vous plaît ». Jusque-là, c'était l'infirmière qui avait appelé les patients !

La première chose qu'il dit, c'est que depuis qu'il avait entendu dire que le concepteur du Swany Bag venait, il avait hâte de me rencontrer. Il s'avéra que le professeur Yonemoto avait recommandé le Swany Bag à ses patients.

Il me dit alors : « M. Miyoshi, vous pouvez marcher, n'est-ce pas ? Tant que vous pouvez marcher, vous ne devez pas utiliser de fauteuil roulant. Vos muscles s'affaibliront si vous le faites ». Je fus ravi d'entendre ce conseil. Depuis 15 ans, je marche avec un sac Swany dans chaque main et je n'ai jamais utilisé de fauteuil roulant. C'est entièrement grâce au professeur Yonemoto.

Au cours des trois années où j'ai utilisé un fauteuil roulant pour mes déplacements, je me heurtai constamment aux meubles et aux cadres de porte parce que mon fauteuil était trop grand, et le faire entrer dans le coffre d'un taxi n'était pas une mince affaire. Un autre problème était de ne pas pouvoir s'approcher suffisamment du lavabo à cause des repose-pieds qui gênaient.

Dans des endroits comme la France et la Pologne, je découvris que je ne pouvais pas utiliser un ascenseur conçu pour deux personnes et je laissai mon fauteuil roulant au rez-de-chaussée pendant que je me rendais à une réunion à l'un des étages supérieurs. Je crevai également un jour l'un de mes pneus, et j'essayai un magasin de vélos, pour découvrir que mes pneus japonais n'étaient pas compatibles, et je dus attendre quatre jours pour qu'une nouvelle roue arrive du Japon.

En même temps, l'utilisation d'un fauteuil roulant me fit prendre conscience de la gentillesse des autres. En Europe ou en Amérique, si j'arrivais devant un escalier ou sur un chemin pierreux, les gens s'avançaient immédiatement et me portaient, fauteuil roulant et tout, des deux côtés. Le personnel de l'aéroport basculait le fauteuil roulant avec moi dedans jusqu'à ce qu'il soit presque horizontal et me chargeait dans le bus de l'aéroport en quelques secondes. Mais cette expérience m'apprit de première main le désagrément ressenti par les utilisateurs de fauteuils roulants trop encombrants, et elle fit naître en moi la volonté de créer moi-même un fauteuil roulant pliant plus compact. Mes trois années de vie en fauteuil roulant ne furent pas perdues.

Moins de la moitié de sa taille, 80 ans plus tard

Je commençai à faire des dessins de fauteuils roulants à largeur réduite, à la maison et en voyage. Ce qui me préoccupa pendant des années, c'est le problème de la fabrication d'un cadre en X qui ne prenne pas en sandwich le siège lorsqu'il est plié. J'essayai de faire et refaire des dessins, mais je ne trouvais pas de solution, et les jours et les mois passaient.

Un jour de 2005, à bord d'un avion à destination de New York, je sortis mon papier millimétré et je dessinai un cadre en X avec des lignes courbes, plutôt que droites, pour réduire la largeur, et je réalisai que lorsque la moitié inférieure du cadre en X courbé était poussée vers l'intérieur pour le replier, la moitié supérieure courbée contenait suffisamment d'espace pour contenir le siège sans se bomber. De cette façon, en rendant les bras du cadre en X incurvés, la largeur pouvait être réduite de 7 cm. J'avais passé le premier obstacle.

L'étape suivante consistait à réduire la largeur des roues en logeant le frein dans le moyeu. Dans les fauteuils roulants traditionnels, le frein était fixé au moyeu, ce qui augmentait la largeur. Je fis plusieurs voyages en Chine, un fournisseur de fauteuils roulants, et je cherchai un fabricant de freins à moyeu interne. Je trouvai un fabricant de premier plan à Dongguan, et je fis fabriquer des moyeux d'une largeur de 7 cm, soit 3 cm plus étroits que le moyeu disponible dans le commerce, ce qui signifie une réduction de la largeur de 6 cm à gauche et à droite, pour un investissement d'environ 10 millions de yens.

Nous pûmes ainsi obtenir une réduction totale de la largeur de 13 cm (7 cm avec le cadre en X incurvé et 6 cm avec les freins sur moyeu), ce qui nous permit d'obtenir un nouveau fauteuil roulant révolutionnaire d'une largeur pliée de 22 cm au lieu des 35 cm habituels.

Le défi suivant était de savoir comment replier les repose-pieds. Les seules options étaient de les faire basculer vers le haut ou de les rabattre vers le bas. J'essayai différentes configurations, mais je dus éliminer l'option rabattable par manque d'espace.

Dans le cas de l'option rabattable, il y avait le problème de la collision des repose-pieds avec les objets environnants au-dessus, devant et sur les côtés. Je dessinai alternativement ces points de contact et je réfléchis dans mon lit, et une série d'inspirations me permirent de rogner peu à peu millimètre par millimètre, jusqu'à ce que, après quelques mois, je parvienne à réduire la longueur de 30 cm.

Longeur réduite de 30 cm

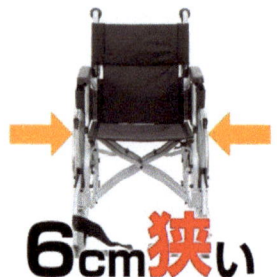

Largeur réduite de 22 cm une fois plié

Largeur réduite de 6 cm une fois utilisé

Avec 13 cm de moins sur la largeur pliée grâce au cadre en X incurvé et 30 cm de moins sur la longueur grâce aux repose-pieds relevables, le volume du fauteuil plié est passé des 220 litres du modèle conventionnel à 100 litres, soit moins de la moitié.

En 1933, l'entreprise américaine E&J inventa le x frame, qui permettait de plier un fauteuil roulant à la moitié de sa taille. Quatre-vingts ans plus tard, en 2014, chez Swany, nous mîmes au point un fauteuil roulant qui pouvait être plié dans une taille deux fois plus petite. Nous réécrivîmes l'histoire du fauteuil roulant !

Deux fauteuils roulants peuvent désormais entrer facilement dans le coffre d'un taxi, l'utilisateur peut s'approcher d'un lavabo tout en restant dans le fauteuil, celui-ci peut être gardé près de la porte sans prendre beaucoup de place, les frais de livraison sont réduits et, étant plus étroit de

6 cm lorsqu'il est utilisé, le fauteuil peut facilement passer par la plupart des portillons automatiques.

Brevets précédents

Nous dûmes toutefois surmonter quelques obstacles majeurs avant que ce fauteuil roulant révolutionnaire puisse faire son apparition sur le marché. Ces obstacles nous suivirent jusqu'à sa mise en vente.

Au cours de l'été 2006, alors que le fauteuil était sur le point d'être mis en vente, nous fûmes informés par l'Office japonais des brevets qu'un brevet pour un cadre en X incurvé avait déjà été publié et que notre brevet ne pouvait être accordé. Dix exemplaires avaient déjà été produits, et le nouveau fauteuil roulant avait déjà paru dans les médias. Et dès lors, d'une manière totalement impromptue, nous nous trouvions dans une situation désespérée.

Nous convoquâmes immédiatement une réunion de la direction, qui conclut qu'un nouveau venu sur le marché ne pouvait pas survivre sans droits de brevet. Nous décidâmes de nous débarrasser des produits déjà fabriqués et d'informer la presse que nous nous retirions du marché.

C'était encore une énorme déception, compte tenu de la bonne nouvelle que représenterait pour les utilisateurs notre nouveau fauteuil roulant compact, réduit à la moitié de la taille du fauteuil roulant pliant classique après 80 ans d'attente. Aussi, estimant que le plus important était qu'il soit disponible le plus rapidement possible, je décidai de céder les droits de commercialisation à un certain grand fabricant. Je me rendis dans leurs bureaux, je leur dis que je leur offrais la nouvelle technologie gratuitement pour le bénéfice des utilisateurs et je repartis en leur laissant les dessins.

Mais j'eus beau attendre, le fauteuil roulant ne fut pas mis en vente.

Au bout de deux ans, alors que ma patience commençait à s'émousser, une carte de vœux pour la nouvelle année arriva de la société avec un message encourageant. Ce message me soulagea, mais je continuai à attendre et rien ne se passa. Il semblait que le président, qui n'avait pas de handicap, ne pouvait pas voir que la réduction de la taille du fauteuil roulant serait tout aussi importante pour les utilisateurs que la réduction du poids.

En 2012, sentant que je devais réaliser cette ambition quoi qu'il arrive, je suis passé à l'action. J'ai demandé conseil au conseil en brevets Yasushi Toyosu et, après de multiples discussions avec lui, un nouveau plan vit le jour, un modèle qui n'entrerait pas en conflit avec les brevets précédemment publiés. Dans le domaine de la technologie, comme pour la constitution d'une clientèle, la persévérance et le refus d'abandonner donnent des résultats.

Les fauteuils roulants étaient très éloignés de notre activité principale, les gants.

Mais, heureusement, le sac Swany était lui aussi produit dans les mêmes usines que nos gants, principalement en Chine. La production de fauteuils roulants impliquait le même traitement du tissu, de l'aluminium et du plastique que les sacs, et nous avions des relations avec les industries du tissu, de l'aluminium et du plastique.

La conception relève des domaines de la dynamique et de la géométrie, mais dans les sacs comme dans les fauteuils roulants, les performances dépendent de facteurs tels que la résistance et la structure des composants. Plus important encore, nous nous mîmes à l'écoute de la sagesse proverbiale des fabricants de sacs et de fauteuils roulants et nous cherchâmes des solutions non conventionnelles, ce qui nous conduisit finalement au nouveau produit.

C'est par ce chemin détourné qu'en 2014, le fauteuil roulant Swany Mini vit le jour pour la deuxième fois.

Une première mondiale !
Un fauteuil roulant avec des poches

Deux ans après la mise en vente du fauteuil roulant, nous commençâmes à recevoir des demandes de poches de la part des utilisateurs.

Je passai des coups de fil à une quarantaine de personnes, et l'une d'entre elles, M. Shinji Okumura d'Okayama, me dit qu'il était essentiel d'avoir une poche pour des choses comme les clés, les lunettes et le smartphone près de l'accoudoir. Il ne voulut pas poser le téléphone avant que je sois d'accord.

« Actuellement, j'ai un sac sous le siège, et si j'ai besoin de quelque chose, je dois mettre ma main entre mes jambes et ouvrir la fermeture éclair pour le sortir. C'est difficile pour moi avec mes bras et mes jambes faibles », déclara-t-il.

Il m'exhorta : « M. Miyoshi, vous avez inventé le sac de marche. Les gens comptent sur vous pour inventer une pochette pour fauteuil roulant. Allez, c'est sûr que ça va être un succès ! »

Par conséquent, le fauteuil roulant possède maintenant des poches des deux côtés, au-dessus et à l'avant des roues principales et sur le côté des accoudoirs.

« Avec une largeur pliée réduite à la dimension étonnante de 22 cm, il peut être chargé dans la voiture avec facilité. C'est le fauteuil roulant le plus confortable que j'aie jamais utilisé, et il est facile à pousser pour mon assistant » (S. Tokyo).

« J'ai découvert que je pouvais le charger moi-même à l'arrière de la voiture. Et les pneus sont increvables, donc pas besoin de se soucier du gonflage. » (S. Tokyo).

« Il y a plus qu'assez de place dans le coffre de ma voiture pour deux d'entre eux. L'usage de la salle de bain est facile. Je peux garder des choses dans les poches et j'aime jardiner avec les repose-pieds relevés. » (M. Aichi).

Notre conversation avec nos utilisateurs de fauteuils roulants se poursuit.

Cherche dessinateurs !

Lorsque j'appris que Fumi Ueda, que j'ai présentée dans le dernier chapitre en sa qualité de responsable du recrutement, dessinait des bandes dessinées dans son temps libre, je lui demandai si elle pouvait dessiner une histoire en bande dessinée du développement du Swany Bag et du Swany Mini. Elle se mit immédiatement à pied d'œuvre et elle réalisa une bande dessinée de huit pages.

Lorsque nous reçûmes la visite d'un groupe d'élèves d'une école primaire et que nous leur montrâmes la bande dessinée, celle-ci fut très bien accueillie, et les enfants étaient beaucoup plus intéressés par sa lecture que par nos explications. Mme Ueda réussit fort bien à rendre les aspects plutôt techniques de notre histoire faciles à suivre, même pour les filles et les garçons.

Cette bande dessinée joue un rôle dans nos activités commerciales non seulement au Japon, mais aussi à l'étranger, en traduction anglaise et chinoise, renforçant la passion de Swany pour la créativité avec le pouvoir des images.

La situation économique actuelle de Swany

Maintenant que nous avons élargi notre sphère de production au delà de la sphère initiale de la ganterie, il est temps de prendre un peu de recul et d'examiner les affaires de Swany.

Les performances d'une entreprise sont illustrées par ses comptes de résultat et ses bilans. L'un indique les ventes et les bénéfices de l'année, tandis que l'autre montre la force de l'entreprise à un moment donné. Pour chacune de nos divisions, nous organisons des discussions sur les perspectives de fin de mois et de fin de trimestre sur la base du compte de résultat et du bilan et nous fixons des objectifs pour le bon fonctionnement de l'entreprise. Nous organisons également des conférences d'une journée deux fois par mois, au cours desquelles nous définissons la politique de l'entreprise et nous examinons l'ordre du jour découlant des différentes divisions.

Le chiffre d'affaires annuel entre 1980 et 2000 était de 3 à 4,5 milliards de yens, et entre 2000 et 2020, il s'est stabilisé entre 4 et 5 milliards de yens. Dans la seconde moitié de cette période, le chiffre d'affaires des sacs augmenta pour atteindre environ 1,2 milliard de yens, mais les gants diminuèrent d'à peu près autant. Heureusement, cependant, au Japon, nous devînmes le premier producteur de gants en 2018. En outre, cela fait maintenant sept ans que nous maintenons notre position de numéro 1 pour les gants de ski. À quoi s'ajoutent 1 milliard de yens de chiffre d'affaires pour l'Amérique.

Notre activité de gants semble devoir maintenir sa compétitivité grâce aux commandes des principaux clients, mais nos concurrents dans des pays comme l'Indonésie et le Vietnam étendent leurs installations, et nous devons faire plus d'efforts pour améliorer la productivité dans la fabrication à haut rendement et à faible volume et pour établir et maintenir un système d'exploitation tout au long de l'année. Le développement du marché des sports de printemps et d'été en tenant compte du réchauffement de la planète constitue une autre tâche urgente.

Un motif d'inquiétude est que notre marge bénéficiaire brute, qui était d'au moins 30 % jusqu'en 2000 environ, s'est, depuis, passablement effondrée. Mais si nous continuons à développer des produits originaux, et si notre investissement dans les marques Swany Ski et Elmer au Japon et en Europe en 2018 est couronné de succès, nous devrions avoir une chance de nous rétablir. Et si les gants de ski peuvent faire un retour en Amérique, nous pourrons participer à ce marché en tant que fournisseurs ODM (original design manufacturer) au Japon.

En ce qui concerne les activités liées aux sacs et aux fauteuils roulants, nous devrions être en mesure de maintenir notre compétitivité grâce à notre dispositif innovant d'arrêt des quatre roues pivotantes et à notre crochet original de fixation des sacs, tout en recherchant de nouvelles améliorations en termes de fonctionnalité, de légèreté et de design.

Entre-temps, le fauteuil roulant Swany Mini, qui une fois plié n'occupe en volume que la moitié de l'espace d'un fauteuil pliant classique et peut s'approcher d'un plan de travail de cuisine, s'est vendu environ un millier par an sur le petit marché d'approvisionnement. En 2020, il fit son apparition sur le marché de la location, 10 fois plus important que le marché d'achat.

Ce Swany Mini nous permet d'aller au-delà de l'activité saisonnière du gant et devrait atteindre une rentabilité élevée. Outre sa compacité, qui permet de gagner de l'espace pour le stationnement et de réduire les coûts de transport, il devrait devenir un produit phare du point de vue de la protection de l'environnement. Nous obtînmes des brevets au Japon, aux

États-Unis et en Chine, et notre croissance en tant que moyenne entreprise de premier plan semble assurée.

Invitation à la garden-party impériale

En 2013, je fus décoré de l'Ordre du Soleil levant, cinquième classe, en reconnaissance de l'invention du sac de marche de soutien corporel.

Je fus invité à la Garden-party impériale d'automne aux jardins impériaux d'Akasaka à Tokyo, où les membres de la famille impériale me remercièrent pour mon travail, et l'empereur lui-même me salua avec un sourire, face à face. L'impératrice Michiko, qui accompagnait l'empereur, la main au bras, me parla, en me voyant m'appuyer sur mon sac Swany, en disant : « J'espère que vous n'êtes pas fatigué. Prenez soin de vous. »

La princesse Masako n'était pas présente, et le prince héritier avait l'air de s'ennuyer un peu d'elle. Le prince Akishino, son épouse la princesse Kiko et leur fille la princesse Mako suivirent, souriants, puis les princesses Akiko et Yōko de Mikasa. La princesse Takamado suivit, accompagnée de ses filles Tsuguko et Noriko, et, en regardant mon badge, s'écria : « Oh, M. Swany ! », semblant surprise de me voir debout. La princesse Noriko m'invita gentiment à m'asseoir dans mon fauteuil roulant. Rencontrer tous ces membres de la famille impériale fut une expérience bouleversante.

Parmi les autres invités, je rencontrai le champion de patinage artistique masculin Yuzuru Hanyū, et ma femme et ma plus jeune fille Yasuko se firent photographier avec lui. Puis une dame s'approcha de moi et me dit : « Je suis une grande fan de Swany. Vos sacs ont sauvé ma mère. J'en utilise un aussi. Je suis ici au nom de ma mère, qui n'a pas pu venir à cause de ses mauvaises jambes ». Je fus stupéfait de trouver là une autre cliente satisfaite.

Mon handicap à la jambe droite, qui me causa tant de peine que j'en vins même à réfléchir au suicide, me donna finalement l'impulsion nécessaire pour développer le sac Swany, qui contribua à satisfaire les besoins de tant de personnes.

Ensuite, le syndrome post-polio m'a poussé à mettre au point le Swany Mini, le fauteuil roulant pliant le plus compact du monde. Et maintenant, j'étais là, à rencontrer des membres de la famille impériale et à me ravir du fait qu'ils connaissaient le nom de Swany. C'était un jour où je pouvais être fier de ma bonne fortune.

PARTIE 3.

LA SCIENCE DU JEÛNE

Attiré par le jeûne

À 43 ans, j'attrapai un rhume et j'allai à l'hôpital Shirotori, où l'on me dit que je souffrais d'une néphrite chronique, une grave affection rénale, et que je devais être hospitalisé immédiatement.

Pendant mon séjour à l'hôpital, mon frère aîné Yoriaki m'envoya un exemplaire de *La science du jeûne* du Dr Mitsuo Kōda. D'après ce livre, le jeûne et une diététique allégée peuvent améliorer la circulation sanguine et peuvent traiter diverses maladies. Ainsi en ai-je poursuivi la lecture, intrigué par l'argumentation convaincante de l'auteur.

Il semble que le Dr Kōda ait toujours un goût prononcé pour le sucre, et qu'il ait grandi en mangeant de grandes quantités de *zenzai*, une collation de haricots azuki sucrés avec des boulettes de riz. Il eut bientôt à souffrir de pathologies à de multiples organes, et fut en proie finalement à une maladie gastro-intestinale et hépatique chronique. Il étudia la médecine à l'université d'Osaka et suivit un traitement pour sa propre maladie, mais ne montra aucun signe de guérison. Il essaya alors le « système de santé Nishi » conçu par Katsuzō Nishi. En suivant ce régime, il trouva l'envie de sucre si forte qu'il se gava de divers snacks sucrés, sans se soucier des conséquences forcément néfastes de ce genre de conduite. Cette expérience douloureuse le conduisit finalement à l'idée du jeûne.

L'auteur évoque l'enseignement bouddhiste prônant l'émancipation à l'égard des passions tristes ou des émotions négatives. Nous pâtissons tous chaque jour de notre vie de passions tristes. En tant qu'homme d'affaires, je savais que le monde des affaires était un terrain de lutte de survie et de vie ou de mort, ce qui engendrait naturellement des émotions négatives. Pourquoi ne pas essayer le jeûne ? Le jeûne était une discipline spirituelle pratiquée par les ascètes et les saints hommes comme Gandhi. Cela pourrait même avoir une incidence positive sur mon problème rénal !

Un curieux « camp » de jeûne

La « clinique Kōda » que je visitai était vraiment un hôpital très étrange. On y considérait les médicaments comme des « poisons », et l'on n'en prescrivait jamais aucun. Il n'y avait pas d'infirmières, et l'odeur âcre du désinfectant brillait par son absence. L'effectif se composait en tout et pour tout du Dr Kōda, d'un directeur de clinique, d'un nutritionniste et du personnel de service chargé de la préparation des repas. Il y avait des histoires de patients atteints de cancer qui avaient survécu, d'hommes chauves dont les cheveux avaient repoussé, et d'élèves atteints de dystrophie musculaire qui avaient renoué avec la compétition sportive.

Les patients ne ressemblaient pas non plus à des patients ordinaires d'un hôpital. L'atmosphère ressemblait davantage à celle d'un camp d'entraînement d'un club sportif. Dans la salle centrale, d'une superficie d'environ 36 m², il y avait une vingtaine de personnes, certaines s'exerçant à opérer des mouvements de balancier avec leur corps à la manière du balancier d'une horloge, d'autres s'essayant à des exercices de secousse les bras tendus vers le ciel. Je pensais que ça devait être la « gymnastique Nishi-shiki ».

J'aillai les voir et leur demandai : « Quel est votre problème ? » L'un d'eux répondit : « Je souffre terriblement de rhumatismes ». Un autre dit, simplement, « Cancer ». On leur avait dit à tous que la médecine moderne ne pouvait pas guérir leurs maladies.

À gauche de la salle se trouvait le « jardin Kōda », une petite parcelle de terre où poussaient luxueusement des légumes à feuilles vertes. Ceux-ci étaient la source du jus de légumes crus qui constituait la base de notre alimentation.

Expulsion des selles incluses

Le déjeuner de mon premier jour consista en un demi-bol de gruau de riz brun et environ 200 g de tofu. C'est tout ? me suis-je dit. Le riz brun et le tofu, avec pour seul assaisonnement du sel naturel, étaient loin de ce que j'avais l'habitude de manger. Pour être honnête, je ne pouvais pas le supporter. Mais après quelques jours, je commençai à m'y habituer et, peut-être à cause de ma faim, je commençai à trouver cela appétissant.

Après environ une semaine, je me lançai dans un régime « bouillon de jeûne » de 11 jours. Au petit-déjeuner, je prenais un petit verre de jus de légumes à base de légumes verts comme les épinards et la laitue, soit environ 180 ml. Au déjeuner et au dîner, je prenais à peu près la même quantité de bouillon, composée d'un consommé de poisson aromatisé avec un peu de sauce soja et de sucre brun. En plus de cela, je buvais environ 1,8 litre d'eau et du thé aux feuilles de kaki avec des vitamines par intermittence tout au long de la journée. Tout cela représentait un total de 150 kcal par jour.

Deux fois par jour, je ressentais le besoin d'aller à la selle, et chaque fois j'expulsais une petite quantité de selles brunes et sableuses. Sur quelques jours, j'estimais que la quantité expulsée s'élevait à environ la moitié d'un lavabo plein. Les autres avaient tous produit environ un demiseau, et le Dr Kōda m'a dit que je n'avais encore perdu qu'un tiers environ. Les selles compactes sont des matières fécales retenues qui s'accumulent à la suite d'une alimentation continue dépassant la quantité d'aliments digérés. Les gaz provenant des selles compactes dans le tractus gastro-intestinal envahissent le corps via les vaisseaux sanguins, provoquant une multitude de maladies.

Même après quatre jours, le premier « jeûne à base de bouillon » était plus facile que je ne l'avais imaginé, et j'étais impatient d'évacuer toutes mes selles compactes. « Docteur, je pourrais le faire pendant 15, non, 20 jours », demandai-je. « C'est facile parce que vous prenez du sel », répondit-il. Pourquoi ne pas essayer le « jeûne sec » pendant deux jours ?

Après avoir commencé le jeûne sec, qui ne permettait que de l'eau et du thé au kaki, je perdis courage. J'étais si diminué par le jeûne que mon corps était devenu pour moi un vrai fardeau. J'étais incapable de le soulever. J'arrivais tout juste à lire un livre. Supprimer le sel et le sucre était difficile. La journée entière sans manier la moindre paire de baguettes, le temps paraissait interminable, et j'avais du mal à la supporter.

Je continuai à lire des livres du matin au soir, en essayant de réprimer mon estomac qui grondait. Au bout de neuf jours, le Dr Kōda a annoncé : « Après-demain, vous mangerez du riz brun. » Quand il a dit cela, mon estomac a commencé à gémir. J'imaginai que je pouvais détecter l'odeur de cuisson du curry ou du riz frit. Des visions de mes plats préférés apparaissaient et disparaissaient, pour réapparaître ensuite : riz au poulet et aux œufs, tempura avec des nouilles. Pendant les deux jours suivants, je ne pensai à rien d'autre qu'à manger. Ma soif de nourriture me rendait fou. Puis, après 11 jours, mon jeûne se termina enfin.

« J'ai réussi », me suis-je dit, et je m'encourageai.

Je suis de petite taille, et après mon jeûne, mon poids a diminué de 10 kg pour atteindre 43 kg. Le médecin fut très prudent quant à ma reprise de l'alimentation, peut-être en raison du risque de torsion de l'intestin. Je commençai par un gruau de riz brun (une part de riz pour 20 parts d'eau, puis une part de riz pour 10 parts d'eau). Docteur, je suis affamé ! Je n'en peux plus ! Je m'écriai, mais le médecin me fit remarquer que mon poids augmentait d'un demi-kilo par jour. « Vous avez trop mangé pendant tout ce temps », dit-il.

En quatre jours, je passai progressivement à la consommation de riz cuit ordinaire, avec un apport calorique de 1650 kcal par jour. Le petit-déjeuner se résumait à 180 ml de jus de légumes (50 kcal), et au déjeuner et au dîner, je mangeais du riz brun accompagné de légumes crus de saison, d'un peu de poisson grillé, de tofu et d'algues (800 kcal à chaque repas). Pour moi, cela ressemblait à un banquet. Rien ne fait sentir les êtres humains aussi humbles que la faim. En voyant toute cette nourriture, j'ai pensé à tous les enfants affamés qu'il y a sur cette planète.

J'avais tellement faim que je ne pouvais pas attendre l'heure des repas. Pendant les 33 jours que j'ai passés là-bas, j'ai mangé l'équivalent d'environ sept jours seulement d'un régime standard, mais grâce à la réduction des selles incluses, mon absorption gastro-intestinale s'améliora et, à mon départ, mon poids était remonté à 47 kg.

Avant chaque repas, je récite maintenant ces vers de Sumiko Deguchi, le deuxième chef spirituel d'Oomoto.

> Les bénédictions du ciel et de la terre ont fait cette nourriture / permettez-moi de ne pas gaspiller une seule feuille de légumes.
> Dans un seul grain de riz habitent les esprits du feu, de l'eau et de la terre / ne l'oubliez jamais.

La bénédiction du feu, de l'eau et du sol / c'est la vraie forme de l'esprit du ciel et de la terre.

Une routine clinique chargée

À la clinique, ma journée commençait à cinq heures lorsque j'entendais le bip de ma montre-bracelet, qui était mon signal pour me lever. Je rangeais mes draps et me dirigeais vers les toilettes où j'échangeais des salutations avec les autres patients.

En retournant à mon lit, je m'agenouillais en faisant face à la direction du sanctuaire Oomoto d'Ayabe et je récitais la prière Oomoto. Je remerciais pour l'expérience du jeûne et je priais, comme d'habitude, pour la communion avec des personnes de toutes religions, nations et langues.

Chaque jour, je prenais 40 cc de Suimag, un laxatif naturel dérivé du sel marin, dissous dans un verre d'eau, non pas comme un médicament, mais pour favoriser l'élimination de mes selles incluses.

Entre 5h30 et 6h, nous faisions de la « thérapie nue ». Avec les fenêtres grandes ouvertes, nous exposions notre peau à l'air frais, nous allions sous les couvertures, puis nous exposions à nouveau nos corps. Nous répétions cela, en augmentant progressivement le temps passé à découvert. Cela avait pour but de renforcer notre peau et d'expulser le monoxyde de carbone accumulé, et si on le pratique quotidiennement, on dit que cela peut contribuer au traitement du cancer.

Le médecin me demanda également de faire de la gymnastique Nishishiki, que je pratique encore une heure par jour, en tenue décontractée. Il s'agit des exercices suivants :

1. Exercice « poisson rouge », 200 fois : exercices de musculation des abdominaux, face au sol, en croisant les mains derrière la nuque et en bougeant comme un poisson qui nage.
2. Exercice capillaire, deux minutes : face au ciel, lever les bras et les jambes perpendiculairement et les secouer.
3. Exercice avec les paumes et les plantes de pieds jointes, 200 fois : face au ciel, avec les paumes et les plantes de pieds jointes, étirer et contracter les bras et les jambes ensemble.
4. Exercice dorso-ventral, 200 fois : à genoux, jambes écartées et mains jointes derrière, balancer le tronc à gauche et à droite.
5. Onze exercices pour le cou, 20 fois chacun : tourner le cou à gauche, à droite, en avant, en arrière, dans le sens des aiguilles d'une montre et dans le sens inverse.

Le Dr Kōda m'a dit de répéter plusieurs fois cette séquence de cinq exercices, qui prend environ 20 minutes. Cela m'a demandé beaucoup d'énergie, mais après, je me sentais rechargé et revitalisé.

Le responsable me montra mon lit, en expliquant que j'avais besoin d'un lit plat pour redresser ma colonne vertébrale. Je n'arrivais pas à croire qu'on me donnait un lit aussi dur pour m'allonger : sous un tapis d'à peine un centimètre d'épaisseur se trouvait un panneau de contreplaqué.

On me dit que s'allonger sur ce lit redressait le dos et favorisait les fonctions du foie, des reins et des intestins. Mais je le trouvais si inconfortable que je n'arrivais pas à dormir du tout, alors bien que je m'y allongeais comme ça pour lire pendant la journée, la nuit j'utilisais trois des fines nattes. Heureusement, au moins la couverture du lit était douce et confortable.

Puis j'eus une autre surprise : l'oreiller. « Il faut un peu de temps pour s'y habituer », me dit le directeur, qui me montra un oreiller en bois semi-circulaire. Dormir avec la nuque posée sur la surface incurvée améliorerait ma circulation, ma tête serait plus fraîche que mes pieds, mes vertèbres cervicales seraient redressées et je dormirais profondément, m'expliqua le gérant. Il me fallut un mois entier pour m'habituer à cet oreiller en bois dur.

Après le dîner, nous attendions tous avec impatience le bain chaud et froid. Nous nous immergions jusqu'au cou pendant une minute dans l'eau souterraine naturelle, qui est à 15 degrés toute l'année, suivie d'une minute de bain dans l'eau chaude. Nous alternions, nous baignant cinq fois dans l'eau froide et quatre fois dans l'eau chaude, pour finir par l'eau froide. Ces bains chauds et froids stimulaient notre circulation, soulageaient notre fatigue et étaient très agréables. Cela peut être facilement imaginé par quiconque connaît le sauna, qui repose sur un principe similaire.

À la clinique du Dr Kōda, j'ai lu 40 volumes des *Histoires du monde spirituel* d'Onisaburo Deguchi, ainsi que des livres du Dr Kōda et de l'auteur bouddhiste Daisaku Ikeda, et d'autres livres sur le christianisme, le bouddhisme et d'autres religions, ainsi que les écrits de Gandhi sur la santé – 55 volumes en tout. Ce fut une période exceptionnellement épanouissante pour moi.

Mon compagnon, l'étudiant universitaire

Nous dormions à deux dans une chambre, et mon colocataire était un étudiant en littérature à l'université de Kyoto. Pendant 33 jours, tout en lisant mes livres, je me suis demandé comment je pourrais l'encourager au mieux.

Je lui demandais souvent de m'aider à lire un passage difficile dans le livre que j'étais en train de lire, ce qu'il faisait toujours, mais il avait peu de volonté. Pendant le jeûne, il tournait les pages des livres de cuisine et regardait les photos de yakitori et de tempura toute la journée.

Il était là pour essayer de soigner des ulcères d'estomac et des catarrhes intestinaux, mais il s'éclipsait quand le Dr Kōda ne le surveillait pas pour acheter des gâteaux. Une fois, il a essayé de me tenter en m'en offrant un. « Quoi ? Tu veux me tuer ? » ai-je dit en haussant la voix, et il a englouti ses gâteaux en vitesse. Le lendemain matin, il a eu une forte diarrhée.

Si vous n'avez pas la volonté d'aller jusqu'au bout d'une chose, vous n'obtiendrez aucune aide du Ciel. En partant, j'ai laissé ce mot à mon colocataire : « Ne présumez pas de l'indulgence des autres, ni de celle de la société, ni de celle du Dr Kōda, ni de celle de vos parents. Tu es un jeune homme bon et intelligent. Tu peux le faire ! » Je me demande comment il s'en sort maintenant. Tiens bon, mon ami !

Apprendre de l'assemblée du matin

Chaque matin, qu'il pleuve ou qu'il grêle, nous nous réunissions à 7h30 pour l'assemblée du matin. C'était comme un cours universitaire, les gens prenaient des notes dans leurs cahiers et faisaient des enregistrements.

Tous les 24 nous joignions les mains dans une attitude de prière et psalmodions les cinq versets récités par les moines bouddhistes avant les repas, en jurant d'adhérer à ce régime strict. Le Dr Kōda a ensuite demandé si quelqu'un rencontrait des difficultés. Après quoi, il a commencé à faire un exposé sur l'alimentation : « Le riz brun contient 15,5 % d'eau, 6,8 % de protéines... »

Le riz brun est le roi des aliments, a-t-il expliqué. Pas moins de 95 % des vitamines et des minéraux du riz sont contenus dans le son et le germe.

Par rapport au riz blanc, le riz brun contient deux fois plus de minéraux, de calcium et de phosphore, 2,3 fois plus de potassium et de graisses, trois fois plus de fibres et de fer, et quatre fois plus de vitamines B_1 et B_2. Le sucre Muscovado contient entre trois et quatre-vingt-dix fois plus de minéraux, de sodium, de calcium, de phosphore et de fer que le sucre blanc.

Le fer est nécessaire en quantité importante pour la croissance de l'organisme, et le corps a besoin d'un gramme de calcium par jour. Le potassium est important pour l'excrétion des déchets du foie, et la vitamine B_1 est essentielle pour la prévention du diabète. La vitamine B_2 prévient les problèmes de peau et le sodium est essentiel au maintien de la vie. Le phosphore est important pour les os et les dents, avons-nous appris.

On nous a également appris à utiliser du sel de mer naturel séché au soleil ou du sel gemme, qui sont riches en calcium, en manganèse et en fer. Apparemment, même les palourdes ne peuvent pas survivre dans une solution de chlorure de sodium raffiné.

Le sucre blanc est un voleur de calcium et doit être évité. Un adulte ne devrait pas en prendre plus de 30 grammes par jour, mais on peut consommer sans risque jusqu'à 90 grammes de muscovado et 100 grammes de miel sans aucun des méfaits associés au sucre.

Apprendre des patients

Après le discours du médecin, les patients ont parlé de leurs expériences.

Un matin, Kinnosuke Muraji, un homme de 65 ans, a pris la parole.

M. Muraji souffrait de rhumatismes et d'hypertension depuis sept ans. Après 17 jours de régime à base de crudités, il a perdu ses selles impures. Sa tension artérielle s'est améliorée de façon spectaculaire, sa pression systolique passant de 198 à 143, et sa pression diastolique de 125 à 93. Son acuité visuelle s'est également rétablie, passant de 0,2 (ou 20/100) à 0,8 (ou 20/25).

Quelques jours plus tard, j'ai entendu l'histoire de Hisami Shimamoto, dont la peau était devenue blanche dès l'enfance à cause du vitiligo, et qui avait visité les hôpitaux universitaires les uns après les autres. Tard dans la nuit, elle a entendu ses parents parler d'elle dans la pièce d'à côté, inquiète de ne jamais trouver de mari avec l'état de sa peau. À l'hôpital, elle s'est fait photographier nue devant les internes et les infirmières, ce qui l'a laissée en larmes. Elle était venue ici parce qu'elle avait entendu parler d'une personne qui avait guéri de son vitiligo en suivant un régime à base de légumes crus. Je compatissais vraiment avec elle, ayant vécu une expérience similaire dans ma propre enfance, et son histoire m'a fait monter les larmes aux yeux.

Yoshiko Kawamura, soixante-dix-sept ans, a raconté qu'après avoir suivi pendant 55 jours un régime de crudités, un cheveu noir d'un centimètre de long avait poussé au milieu de ses cheveux blancs, et le Dr Kōda est venu le photographier. Nos assemblées matinales étaient pleines d'histoires étonnantes comme celle-ci.

Michiaki Fujita, un enseignant de l'école primaire, se décrivait comme un « manuel ambulant de maladies ». Il était venu d'Osaka, ayant été adressé au Dr Kōda. Au cours de son troisième jeûne, il a annoncé qu'il avait produit 70 morceaux de la forme et de la taille d'un œuf de caille dans ses selles. Ces morceaux s'étaient logés dans sa paroi intestinale et l'empêchaient d'absorber les nutriments. Je me souviens encore du sourire sur son visage lorsqu'il a dit qu'il se sentait en bonne santé pour la première fois de sa vie, après s'être débarrassé de ces selles encombrées.

J'ai également entendu une histoire racontée par Sōichirō Musha, un professeur d'université suivant un régime crudivore pour traiter son cancer de la vessie. Apparemment, de nombreux alpinistes boivent de l'urine stérile pour augmenter leurs globules blancs, tuer les agents pathogènes et nettoyer le sang. Cela m'a complètement surpris.

Chaque matin, après l'assemblée, les 24 d'entre nous effectuaient 15 exercices de Nishi-shiki pendant une heure.

Néphrite guérie par un régime à base de crudités

Lorsque j'ai quitté la clinique, le Dr Kōda m'a donné son sceau d'approbation, affirmant que ma néphrite pouvait être guérie par un régime de crudités. Arrivé chez moi, je l'ai tout de suite mis en pratique. Pour le petit-déjeuner, je préparais un jus de légumes crus de saison dans le mixeur, en ajoutant un peu d'eau. Pour le déjeuner et le dîner, je prenais une salade crue, avec de la farine de riz brun, des radis, des carottes, de l'igname, et 4 g de sel marin naturel. Un repas contenait 500 kcal, et avec 50 kcal pour mon jus du matin, mon apport était de 1050 kcal.

Au déjeuner et au dîner, je buvais 250 g de jus de légumes et je mettais dans ma bouche 70 g de farine de riz brun. Ce n'était pas délicieux, mais il y avait une certaine saveur. Je mangeais 120 g de carotte râpée, 100 g de radis râpé et 30 g d'igname râpée, avec 4 g de sel naturel saupoudré dessus. C'était vraiment comme manger de la nourriture pour lapins, un régime sérieusement ascétique. Mon père, qui avait supporté avec joie de passer une semaine d'affilée à dormir dans les trains de nuit, m'a rejoint en disant : « Si c'est si bon pour toi, je vais essayer moi aussi », mais après seulement trois jours, il a jeté l'éponge.

Une assiette de radis râpé sans un beau morceau de maquereau grillé pour l'accompagner était décidément peu appétissante. Face à 120 g de carottes râpées, mon estomac a grogné en signe de protestation. L'igname saupoudrée de sel avait cependant une saveur agréable que je connaissais bien, et le jus de légumes était toujours aussi bon.

Tout en suivant ce régime, je me rendais à la clinique Kamada locale pour vérifier la présence de sang et de protéines dans mon urine, et je rapportais les résultats au Dr Kōda tous les mois. Un, deux, trois mois passaient et toujours aucune amélioration. J'ai fait appel au Dr Kōda, lui disant que j'étais au bout du rouleau, mais il m'a encouragé à continuer pendant quelques mois de plus. Comme il l'avait prédit, au bout de six mois, mes taux de sang et de protéines dans l'urine ont commencé à baisser. J'ai continué, et après neuf mois, ma néphrite avait complètement disparu.

Alléluia ! J'ai crié.

Je l'avais fait, même si, dans le processus, mon poids était descendu à 40 kg. Le Dr Kōda m'avait dit qu'il valait mieux ne pas mentionner mon régime alimentaire aux médecins de l'hôpital, car ils ne comprendraient pas, mais j'étais tellement content de moi que je leur en ai parlé quand même. Quand j'ai commencé à parler au médecin de mon régime de neuf mois de légumes crus, il l'a immédiatement écarté, disant que cela n'avait rien à voir avec ma guérison. Quelques années plus tard, ce médecin est mort d'un cancer du poumon, alors qu'il était encore jeune.

Pas plus de 2 000 kcal par jour

Trente-huit ans se sont écoulés depuis mon expérience de la thérapie par le jeûne.

Aujourd'hui, mon petit-déjeuner se compose du jus d'une carotte, d'une brique de jus de légume frais d'Ito En et, bien que ce ne soit pas autorisé à proprement parler, d'une tranche de pain de riz brun.

Pour le déjeuner et le dîner, je prends un bol de riz brun cuit à la vapeur avec du tofu ou des haricots, du petit poisson comme l'éperlan qui peut être mangé entier, des algues et des légumes, y compris des légumes racines. J'essaie de ne rien manger qui n'entre pas dans l'une de ces cinq catégories. Ces deux repas me fournissent environ 1 600 kcal, et avec mon petit-déjeuner composé de pain de riz brun et de jus de fruits, j'ai un apport quotidien d'environ 1 800 kcal.

Il est facile de cuire un délicieux riz brun dans un autocuiseur si vous le faites d'abord tremper dans l'eau pendant environ trois heures. Si vous suivez ce régime en cinq catégories, vos selles sont confortables et vous vous sentez en bonne santé, mais si vous mangez trop, ou les mauvais aliments, et si vous n'essayez pas de rester en bonne santé en faisant de l'exercice pour tout le corps, vous risquez de souffrir de troubles persistants des yeux, du nez et des oreilles.

Plus vous consommez de protéines animales, y compris du poisson, plus vos selles deviennent foncées, odorantes, collantes et difficiles à évacuer, ce qui entraîne des troubles des organes. La viande, en particulier, est à éviter, car elle rend le sang trouble, nous dit-on.

Le Dr Kōda a tenu à souligner l'importance de ne pas trop manger, affirmant que le maintien de l'apport calorique en deçà de 2 000 kcal par jour devrait vous garder en bonne santé. En permettant à votre estomac de se vider, les cellules de votre corps pourront exercer une traction sur le sang, ce qui améliorera la circulation. Cette idée semble en contradiction avec le modèle du cœur comme pompe, mais il explique que le cœur a à peu près la même puissance qu'une machine à coudre domestique, et qu'il est mécaniquement impossible de pomper le sang vers 60 000 milliards de cellules en 20 secondes avec seulement un quart de cheval-vapeur.

Le sang s'écoule du corps lorsqu'il est blessé dans un accident, mais aucun sang ne s'écoule du corps d'une personne morte de causes naturelles, poursuit le Dr Kōda. Lorsqu'il est vivant, le sang est aspiré dans les cellules, on ne peut simplement pas le voir. Même une amibe, qui n'a pas de cœur, a une circulation. La théorie de la pompe cardiaque ne permet pas d'expliquer le fait que la sinusite et l'otite moyenne peuvent être guéries par le jeûne, ajoute-t-il.

La théorie de la pompe cardiaque, selon laquelle le sang quitte le cœur, circule dans le corps et revient au cœur, a été proposée par l'Anglais William Harvey. Dans son livre *Fasting and Light Eating for Health*, le Dr Kōda écrit : « Cette idée provient d'une vision du monde féodale et autocratique, à laquelle, de façon risible, de nombreux médecins adhèrent encore aveuglément aujourd'hui. »

Le Dr Kōda m'a dit qu'il avait adressé une lettre ouverte à l'establishment médical, mais qu'il n'avait reçu aucune réponse. Dans le même temps, cependant, le Dr Kōda fait l'éloge de la médecine occidentale pour sa capacité à mesurer des choses comme la pression artérielle et la glycémie.

En 2015, après avoir maintenu le régime alimentaire léger et les exercices Nishi-shiki, je me suis rendu à l'hôpital municipal de Sanuki pour un bilan de santé. J'ai obtenu la note maximale pour les cinq indices : mon tour de taille était de 70 cm, ma tension artérielle de 93/60, mes triglycérides de 39, mon cholestérol HDL de 96 et ma glycémie à jeun de 86. La médecin était si contente de moi qu'elle m'a suggéré de donner des conférences pour parler aux gens de mon régime et de mes exercices.

Un régime léger basé sur l'amour et la compassion

Mon séjour de 33 jours à la clinique du Dr Kōda ne m'a coûté que 90 000 yens. Cela ne semble pas très surprenant, puisque je dormais sur une planche de contreplaqué recouverte d'un matelas très fin et qu'on ne me servait pas de repas coûteux. Mais il n'est pas normal que je ne puisse pas utiliser mon assurance maladie, alors que c'est là que j'ai suivi ma thérapie la plus réussie !

Certaines personnes ne supportent pas le riz brun, mais elles peuvent moudre leur propre riz et manger le riz blanc moulu, puis, séparément, griller le son dans une poêle, en éteignant le feu lorsque le son prend une couleur brune. Ce son grillé peut ensuite être consommé avec du jus de légumes, à raison de trois cuillères à soupe par jour. Cela aura le même effet que de manger du riz brun. Cela fait maintenant cinq ans que je suis un adepte de ce son de riz grillé.

Le Dr Kōda avait l'habitude de plaisanter avec ses patients en disant que si tout le monde suivait le régime d'exercices Nishi-shiki, la plupart des médecins et des pharmaciens feraient faillite. Il disait aussi qu'il avait traité plus de 2 000 patients cancéreux par le jeûne et un régime à base de légumes crus, bien que lorsque les cellules cancéreuses dépassaient 70 %

de la zone touchée, le patient ne pouvait pas être guéri. Quand je pense à ses résultats, même pour des maladies considérées comme incurables par la médecine moderne, je ne peux m'empêcher de me demander si les plus de 40 000 milliards de yens dépensés chaque année pour les soins de santé ne pourraient pas être réduits.

Récemment, nous avons commencé à entendre des mises en garde contre les thérapies qui négligent la médecine préventive, le traitement des seuls symptômes, les traitements de prolongation de la vie pour les patients en fin de vie et la transplantation d'organes provenant de donneurs jugés en état de mort cérébrale. Le documentaire *Hard to Believe*, réalisé et produit par l'Américain Ken Stone, est un film choquant sur le prélèvement d'organes pour la transplantation.

Lorsqu'il était jeune, les propres expériences douloureuses du Dr Kōda lui ont fait cesser de trop manger. Il a vu que, selon ses mots, « manger légèrement, c'est chérir toute vie ». Cette pratique d'amour et de compassion est devenue l'objectif de sa vie, et il a passé les 50 années suivantes à partager sa philosophie du jeûne.

En outre, soulignant qu'une vache mange dix fois son propre poids en céréales et qu'une limande à queue jaune mange sept fois son propre poids en sardines, il a plaidé à plusieurs reprises en faveur de l'abstention de ces aliments de luxe et de la consommation de céréales et de sardines à la place, pour le bien de l'environnement.

L'autre jour, j'ai écouté une interview du regretté Dr Kōda dans l'émission *Radio Night Flight de* la NHK. J'ai été ému d'entendre la voix de l'homme qui m'avait sauvé par le passé. Ma vie a pris un tournant miraculeux depuis l'époque où je souffrais de néphrite.

La plupart des gens, en entendant le mot « jeûne », sont horrifiés, mais maintenant je peux manger de la crème glacée, et je profite des fruits après le déjeuner et d'une collation en milieu d'après-midi.

PARTIE 4.

UNE FUTURE LANGUE MONDIALE

L'anglais peut-il vraiment être une langue commune ?

Le récent roman *In Pleasure* de Mariko Hayashi contient le passage suivant.
Le protagoniste, Kusaka, déclare :

« Vous savez, je pense que dans cent ans, il n'y aura plus de langue japonaise. »
Plus de japonais ? Je me demande...
Natsuko a penché la tête sur le côté.
« Si notre langue disparaissait, cela signifierait que le pays lui-même n'existerait plus. Je ne pense pas que cela arrivera au Japon. »
J'aimerais penser que non, aussi, mais dans cent ans, les Japonais et le Japon auront disparu.
Je me demande...
C'est triste, mais je pense que ça va arriver. Vous ne pouvez pas obtenir un emploi dans une grande entreprise si vous n'êtes pas bon en anglais. Ils ont déjà commencé à enseigner l'anglais à l'école primaire. Tôt ou tard, l'anglais deviendra la langue officielle du Japon. Et au train où vont les choses, le pays lui-même ne survivra plus très longtemps.

Après la crise environnementale, un autre grand problème auquel nous sommes confrontés est celui d'une langue commune. Est-ce vraiment une bonne idée de donner ce statut à une langue d'une seule région du monde, une langue difficile avec sept façons différentes de prononcer la lettre "a", une langue compliquée dont les manuels sont presque tous occupés à expliquer les exceptions à la règle ?
Si nous le faisons, nous tomberons dans un piège conçu pour maintenir le privilège anglo-américain.
Le néerlandais, la langue « mondiale » qui est arrivée au Japon à l'époque Edo avant l'anglais, est aujourd'hui en voie de disparition. Si vous vous rendez aujourd'hui à l'aéroport Schiphol d'Amsterdam, vous remarquerez que tous les panneaux sont désormais en anglais.
On estime que sur les quelque 8 000 langues actuellement parlées dans le monde, une disparaît toutes les deux semaines. Dans cent ans, le japonais pourrait bien lui aussi disparaître.
Dans l'Union européenne, il y a peu d'opportunités pour les politiciens qui ne parlent pas anglais, et les personnes intègres et sages sont marginalisées. Le ressentiment qui couve à ce sujet finira par déborder un jour.
Le Japon est inondé de néologismes anglais. Pour prendre quelques exemples de la pandémie de coronavirus, nous entendons les gens dé-

battre de la question de savoir si nous devons *'go to'* (aller, voyager) pour aider l'économie ou 'stay home' (rester à la maison) pour être en sécurité. Les gens parlent de *'social distance'* (distance sociale) et de *'overshoot'* (dépassement). Tous ces mots et ces expressions sont de l'anglais pur. C'est totalement hors de contrôle ! Je me demande parfois dans quel pays je vis. La discussion sur la possibilité que le Japon et la langue japonaise disparaissent dans le roman de Hayashi est assez convaincante.

L'anglicisation généralisée du monde entraînera l'extinction de milliers de langues et de leurs cultures.

Comment pouvons-nous résister à cet énorme appauvrissement et à cette injustice ?

Apprendre l'espéranto

J'ai pris connaissance de la langue internationale espéranto en 1965, lorsque j'ai lu le livre *My Travels in Esperanto-land (Mes voyages au pays de l'espéranto)* de Kyotaro Deguchi de Oomoto. Dans son livre, M. Deguchi décrit son expérience de participation au congrès mondial d'espéranto à Sofia, en Bulgarie, puis son voyage autour du monde pendant six mois en utilisant uniquement l'espéranto.

J'ai été frappé de lire comment, après que M. Deguchi se soit préparé en s'enfermant dans sa chambre et en étudiant pendant 100 jours, il s'est inscrit au concours international d'éloquence du Congrès et a remporté le deuxième prix. J'ai lu cet article à l'époque où je me battais pour apprendre l'anglais.

Je suis resté curieux à propos de l'espéranto, pensant que j'aimerais l'apprendre un jour, mais j'étais occupé à apprendre le coréen et l'anglais, et j'ai fini par le repousser pendant 30 ans. J'ai finalement commencé à l'âge de 55 ans, alors que mes facultés de mémoire commençaient déjà à faiblir. J'ai pris un abonnement au mensuel *Esperanto* publié par l'Association mondiale d'Espéranto et, bien que je ne sache pas comment prononcer les lettres de l'alphabet, j'ai parcouru les articles, cherchant chaque mot dans le dictionnaire et écrivant le sens dans l'espace entre les lignes avec mon crayon-feutre. Mais avant que j'aie fini de chercher tous les mots, le numéro du mois suivant arrivait. Je redoublais d'efforts, me levant à quatre heures tous les matins et passant deux heures à étudier. La première année, c'était comme une course pour suivre le rythme, mais ensuite, c'est devenu plus facile, et après une année supplémentaire, j'avais rattrapé mon retard. J'ai découvert que je pouvais me souvenir de mots difficiles après les avoir regardés 20 ou 30 fois, et même si la plupart des mots étaient nouveaux pour moi, environ deux tiers étaient similaires à l'anglais, mais avec des terminaisons différentes, et les mémoriser était donc plus facile que je ne le pensais.

Après cela, j'ai invité M. et Mme Sutton de l'Association d'espéranto de Nouvelle-Zélande à rester et à pratiquer la conversation avec moi tous les soirs de 19h à 22h. J'ai également invité d'autres personnes du monde entier à venir au Japon pour m'aider dans mon étude, et cela a duré environ 20 ans, jusqu'en 2016.

J'ai également correspondu avec des centaines d'espérantophones du monde entier par courrier électronique, mais j'ai laissé mes professeurs taper à ma place, ce qui fait que je n'étais pas très douée pour l'écriture, même si je savais parler.

Au congrès mondial du fédéralisme

Oomoto a adopté le slogan « Un Dieu, un monde, une langue internationale ».

Le concept de « Dieu unique » implique une coopération entre les différentes religions et, à cette fin, M. Oomoto a joué un rôle déterminant dans le lancement du rassemblement interreligieux de prières pour la paix mondiale, qui se tient depuis 30 ans sur le mont Hiei, près de Kyoto.

L'expression « un seul monde » fait référence au mouvement en faveur d'une fédération mondiale, avec les pays du monde réunis sous un seul gouvernement, comme l'ont proposé Einstein, Schweitzer et d'autres après la fin de la Seconde Guerre mondiale – quelque chose comme l'Union européenne, mais à l'échelle mondiale. Pendant de nombreuses années, le mouvement de fédération mondiale au Japon a été mené par le physicien Hideki Yukawa, lauréat du prix Nobel. « La fédération mondiale est le rêve d'hier et la réalité de demain. Aujourd'hui est l'étape d'hier à demain », a-t-il déclaré.

Conformément à l'idée d'une langue internationale unique, Oomoto s'est impliqué dans le mouvement de l'espéranto depuis les années 1920 et, pendant la période d'avant-guerre, la moitié de ses ressources était consacrée aux activités internationales.

En 2002, le 24e congrès du Mouvement fédéraliste mondial s'est tenu à Londres, avec 250 délégués de 36 pays, dont je faisais partie. Lors de la réunion de la section d'espéranto, le professeur Ron Glossop de la Southern Illinois University a prononcé le discours d'ouverture, dans lequel il a déclaré :

> Il y a en permanence, 700 000 personnes originaires d'Europe qui étudient l'anglais au Royaume-Uni, et les sommes dépensées chaque année dans l'ensemble de l'Union européenne pour l'apprentissage de l'anglais atteignent le chiffre stupéfiant de 17 milliards d'euros. À Bruxelles, où se trouve le siège de l'UE, les offres d'emploi publiées dans les journaux comportent la mention « Anglais requis » et, plus

bas, en petits caractères, elles ajoutent : « Les candidats doivent avoir un niveau d'anglais correspondant à leur langue maternelle ». Exiger un niveau d'anglais de langue maternelle signifie que la majorité des gens sont injustement discriminés. Le mouvement de la fédération mondiale ne fera une percée qu'en s'alliant à l'espéranto.

Des objections sont venues de la part de ses auditeurs : « Mais l'espéranto n'a pas de culture ! » « On ne peut pas exprimer des émotions dans une langue artificielle ! » « On ne peut pas y écrire de la littérature ! ».

David Kelso, de l'Esperanto Association of Britain, a répondu : « Il y a des milliers d'enfants nés de couples espérantophones, qui sont bilingues en espéranto et dans la langue du pays où ils vivent. C'est un fait qu'ils ont nourri une culture espéranto. Des dizaines de milliers d'œuvres littéraires ont été traduites et publiées en espéranto, et il y a des dizaines de milliers de livres écrits à l'origine en espéranto, ainsi que des centaines de revues ».

Un fédéraliste italien s'est ensuite levé pour prendre la parole. « Une langue créée par l'homme est inutile », a-t-il dit. Un autre espérantiste a répondu : « L'anglais, l'allemand et les autres langues ont toutes été créées par des humains, nos ancêtres ! L'alphabet espéranto compte 28 lettres, qui se prononcent toujours de la même façon. La grammaire ne comporte que 16 règles de base, et contrairement à l'anglais, il n'y a pas d'exceptions. Un Européen peut l'apprendre en seulement un dixième du temps nécessaire pour apprendre l'anglais, et il y a déjà un million de personnes qui utilisent l'espéranto dans le monde. C'est la plus sophistiquée de toutes les langues du monde ».

Un délégué américain, qui travaillait pour la Banque mondiale, a pris la parole : « Vous nous dites que nous devons tous apprendre cet espéranto ? C'est une blague ! »

Après un débat animé, une résolution a été adoptée, selon laquelle « les fédéralistes mondiaux recommandent l'étude de l'espéranto, une langue non nationale », et cette résolution a été affichée sur le site du Mouvement fédéraliste mondial.

Annonces dans les journaux des États membres de l'UE

Je me suis longtemps demandé s'il n'y avait pas un moyen de faire connaître l'espéranto.

En 1985, Masao Ogura, président de Yamato Transport, frustré par le refus du ministère des Transports de l'époque de reconnaître le service de livraison à domicile de sa société, a décidé de publier des annonces pleine page dans les journaux nationaux pour inciter le ministère à changer de position. Il s'agissait d'un défi direct et public, qui a suscité un grand soutien parmi les consommateurs et les autres entreprises, et le ministère des Transports a finalement dû céder et autoriser la livraison à domicile. Ces publicités ont entraîné un grand changement dans la société japonaise.

Depuis 1992, j'assiste chaque année au congrès mondial d'espéranto, qui se tient chaque année dans une ville du monde différente, et j'ai souvent entendu dire que l'avenir de l'espéranto dépendait de l'Union européenne. Me souvenant de la campagne publicitaire de Yamato Transport, j'ai eu l'idée d'adopter la même approche pour l'Union européenne.

Je me suis dit que je pourrais placer une annonce pleine page dans les journaux européens et j'ai demandé l'aide et les conseils des organisations d'espéranto des pays de l'UE. Tout d'abord, en 2002, avec la coopération du président de l'Union européenne d'espéranto, j'ai placé une annonce dans deux journaux belges, et l'un d'eux, *Metro*, l'a imprimée non pas comme une annonce, mais comme un article d'une page entière, avec le titre « L'anglais ne peut pas résoudre le problème linguistique de l'UE ». Lode, mon tuteur d'espéranto, qui était de retour en Belgique à ce moment-là, souriait jusqu'aux oreilles quand je l'ai vu.

L'année suivante, j'ai placé une annonce dans le quotidien italien *la Repubblica*. Immédiatement après sa parution, six membres du Parlement italien ont annoncé qu'ils allaient aborder le problème de la langue avec l'UE. La station de radio Deejay a diffusé deux fois le texte intégral dans son programme national. Plusieurs milliers de personnes ont visité le site Internet de la Fédération italienne d'espéranto, et cela a apporté 33 nouveaux membres.

En 2004, c'était le tour du journal polonais *Rzeczpospolita*. Roman Dobrzyński, un réalisateur travaillant pour la télévision polonaise, m'a interviewé, et là aussi, grâce à la bonne volonté du journal, la « publicité » est apparue comme un article ordinaire. Ils m'ont dit qu'ils avaient fini par voir l'espéranto sous un jour nouveau, comme une contribution à la paix mondiale et non plus comme un simple hobby.

La même année, j'ai passé une annonce dans le journal français *Le Monde*, et l'année suivante, mon annonce est parue dans 25 journaux de 13 pays, dont l'allemand *Die Zeit*, le belge *La Libre Belgique*, le lituanien *Lietu-*

vos rytas, et des journaux de Slovaquie, d'Estonie, de Lettonie, de République tchèque, de Hongrie et de Slovénie.

Cependant mon frère Yoriaki, qui a participé à la rédaction de l'annonce, m'a dit que l'effet n'était qu'une goutte d'eau dans l'océan. À l'époque, je lisais le roman *Genghis Khan* publié en série dans le journal *Nikkei*, et je suis arrivé au passage où Genghis Khan a franchi la Grande Muraille de Chine en concentrant toute son armée de 200 000 hommes en un point où il y avait peu de guetteurs et en ouvrant un chemin de cinq mètres de large pour que ses chevaux puissent passer en trois jours seulement, ce qui lui a permis d'envahir la Chine. « Je devrais suivre l'exemple de Gengis Khan », ai-je décidé. Tournant mon attention vers la France, j'ai commencé à concentrer mes publicités sur *Le Monde*.

Dans les deux semaines qui ont suivi ma dixième annonce dans *Le Monde*, l'Union française d'espéranto a enregistré 2 300 visites sur son site Internet et 7 000 pages vues. Les émissions de radio sur les problèmes de langue se sont multipliées et une trentaine de nouvelles personnes se sont mises à l'espéranto en quelques semaines.

J'ai demandé au petit-fils du Dr Zamenhof, le créateur de l'espéranto, qui vivait à Paris, s'il voulait bien apparaître dans le journal, mais je n'ai pas eu de réponse immédiate. Pendant que j'attendais, mes fonds publicitaires se sont taris.

Mes fonds provenaient d'un terrain d'environ 1 650 m² qui appartenait à l'origine à Swany, mais j'en avais donné la moitié à mon gendre et directeur exécutif senior de Swany, Yasunobu Kawakita. J'ai discuté de la situation avec lui, et il a cédé la moitié de son terrain afin que les recettes soient affectées à la campagne publicitaire. Celle-ci s'est concrétisée par une publicité de deux pages, que j'ai choisi de placer le 15 décembre 2010, jour de l'anniversaire de Zamenhof. La page de droite consistait en une interview du petit-fils de Zamenhof.

En haut de l'annonce figurait le titre « Quatre espérantophones natifs » avec leur photo, leur nom et leur pays d'origine.

J'ai ensuite cité un extrait d'une conférence donnée au Parlement européen par le professeur Reinhard Selten, lauréat du prix Nobel d'économie, dans lequel il déclarait que les problèmes linguistiques de l'UE ne pouvaient pas être résolus par la domination d'une langue nationale et que l'espéranto, neutre et facile à apprendre, était la solution la plus appropriée. J'ai également mentionné les efforts d'Inazō Nitobe, sous-secrétaire général de la Société des Nations, et enfin, j'ai écrit sur mes propres raisons pour cette campagne.

Cette publicité a eu des résultats significatifs au cours de la nouvelle année. Des dizaines de membres du Parlement français ont fait pression sur l'Union européenne, avec pour résultat l'organisation à Paris d'un colloque réunissant plus de 100 parlementaires, au cours duquel l'espéranto a fait l'objet d'une discussion animée, tandis que le débat sur les problèmes d'une langue commune se poursuivait dans les médias.

Débat linguistique à Varsovie

En 2004, j'ai parrainé un débat sur la langue en Pologne, le lieu de naissance de Zamenhof. Quatre députés européens, huit parlementaires nationaux et 54 espérantistes y ont participé.

Barbara Pietrzak, de la section espéranto de Radio Pologne, a obtenu la participation de Bronislaw Geremek, ancien ministre des Affaires étrangères, qui a ensuite été considéré comme un candidat solide au poste de premier président du Conseil européen.

Mme Pietrzak m'a dit que puisque cette éminente personnalité serait présente, je devais lui rendre une visite de courtoisie à l'avance. Une date a été fixée et mon vol depuis le Japon a été réservé, mais avant que la rencontre proposée puisse avoir lieu, le Dr Geremek s'est retiré. « Après mûre réflexion, j'en suis arrivé à la conclusion que l'espéranto ne peut pas rivaliser avec l'anglais, et vous rencontrer ne me fera pas changer d'avis », a-t-il expliqué. Ce fut une grande déception.

En tant que parrain du débat, j'ai été le premier à prendre la parole.

J'ai raconté comment, en 1921, le Japonais Inazō Nitobe, sous-secrétaire général de la Société des Nations, a assisté au congrès mondial d'espéranto à Prague, avec plus de 2 000 participants de 70 pays, et y est resté une semaine. Voyant le potentiel de l'espéranto comme langue commune, il a commencé à faire pression pour l'enseignement de l'espéranto dans les plus de 40 États membres de la Société à l'époque, mais a échoué en raison de l'opposition de la France.

Lors de la fête après le débat sur les langues à
Varsovie, 2004

J'ai également expliqué comment l'Indonésie, un pays comptant plus de 700 langues, avait réussi, grâce à son système éducatif, à faire de l'indonésien, basé sur la langue malaise, une langue commune, de sorte que les habitants des différentes îles sont bilingues dans leur langue locale et dans la langue commune, et comment l'Indonésie pouvait servir de modèle pour notre objectif de rendre les peuples du monde bilingues dans leur propre langue nationale et dans une langue mondiale commune.

La personne suivante à prendre la parole était le petit-fils de Zamenhof, venu de Paris.

« En tant que spécialiste du béton, j'ai supervisé des projets dans de nombreuses régions du monde. Lorsque le pont Akashi Kaikyō a été construit au Japon, j'ai été invité à donner une conférence par le ministère japonais des Transports. J'ai été heureux de voir mon auditoire hocher la tête en m'écoutant. Cependant, lorsque je leur ai parlé individuellement lors de la réception qui a suivi, j'ai réalisé que beaucoup d'entre eux n'avaient pas été capables de suivre mon anglais. On peut douter que l'anglais puisse réellement servir de langue internationale. L'espéranto, la langue créée par mon grand-père, s'apprend facilement et n'est pas sujet aux malentendus. L'idée est que nous utilisions l'espéranto comme une langue commune, tandis que dans nos propres pays, nous utilisons nos propres langues locales ».

Ensuite, le professeur Selten, lauréat du prix Nobel de sciences économiques, venu de Francfort, a pris la parole.

« Une nouvelle ère est née, une ère de bouleversements, alors que les anciens pays du bloc de l'Est comme la République tchèque, la Roumanie et la Hongrie rejoignent l'UE. Le mur de Berlin s'est effondré, ce que nous ne pensions pas voir un jour. Dans une telle période, nous devons essayer de mettre fin à l'imposition de l'anglais, la langue d'une seule région, à l'ensemble de la race humaine. Et nous pouvons y parvenir. Nous devrions introduire l'enseignement de l'espéranto dans les écoles du monde entier, comme je l'ai demandé instamment au Parlement européen en 2001 ».

Ensuite, un message de Seán Ó Riain, président de l'Union européenne d'espéranto, a été lu.

« La Charte de l'UE appelle à l'égalité linguistique. La promotion de l'anglais sans aucun débat est clairement en contradiction avec la démocratie et la justice. Elle est inconstitutionnelle et, c'est pourquoi nous protestons fermement ».

Le dernier à prendre la parole a été le professeur Renato Corsetti de Rome, président de l'Association mondiale d'espéranto.

« La situation actuelle, où les personnes originaires de l'anglosphère bénéficient d'un avantage alors que celles d'autres nations sont victimes de discrimination, est inacceptable. La négation de nos histoires et de nos cultures par l'impérialisme linguistique anglais doit être combattue », a-t-il conclu.

Un consensus a été atteint, qui a conduit à la formation d'un groupe parlementaire pour la promotion de l'espéranto.

Débat sur les langues au Parlement européen

Pendant ce temps, le docteur Geremek de Pologne, qui a refusé ma demande de rencontre, n'avait pas complètement abandonné l'espéranto. Plus tard, en 2008, en tant que vice-président du Parlement européen, il a invité tous les députés européens à un débat pour savoir si l'espéranto est « l'ami ou l'ennemi du multilinguisme », notant que 160 députés européens étaient favorables à l'adoption de l'espéranto comme langue officielle, soit plus de 20 %.

J'ai appris qu'il lisait également mes annonces dans *Le Monde* et commentait de manière approbatrice mon engagement dans la question des langues européennes.

Il avait pris la tête de l'organisation de la réunion, mais, tragiquement, la veille de la réunion, le Dr Geremek est décédé dans un accident de la route alors qu'il se rendait à l'aéroport de Varsovie. Sa mort a été un énorme choc pour moi et pour le monde de l'espéranto.

Tournée de conférences interrompue en France

En 2010, j'ai pris la parole lors d'une série de réunions dans neuf villes françaises, dont Paris, Lyon et Marseille.

À Paris, un public d'environ 40 espérantophones a écouté attentivement mon discours.

Ils m'ont exhorté à lancer un appel par courrier, par fax ou par tout autre moyen pour que *Le Monde*, où j'avais placé mes annonces, fasse un reportage sur la question d'une langue commune pour l'UE. Alors que les autres médias français abordaient fréquemment les questions linguistiques, *Le Monde* n'avait pas publié un seul article à ce sujet.

Le lendemain, à Vannes, dans l'ouest de la France, une cinquantaine de personnes sont venues m'écouter, mais après la réunion, je me suis soudain senti mal. J'avais froid, je ne pouvais pas dormir et j'avais du mal à respirer. J'ai téléphoné à ma femme et elle m'a dit : « L'espéranto est l'œuvre de ta vie, n'est-ce pas ? Tu ne dois pas revenir tout de suite » et elle a raccroché.

Finalement, Atilio, un professeur d'espéranto local, m'a aidé à rentrer à Paris et j'ai finalement pu rentrer au Japon, à bout de souffle. Heureusement, après une semaine de repos à la maison, j'ai récupéré.

Quelques années auparavant, les médecins m'avaient dit que je souffrais du syndrome post-polio, dû au vieillissement. Il s'agissait d'une maladie incurable, qui pouvait provoquer froid et engourdissement des extrémités, faiblesse musculaire, voire détresse respiratoire, m'avait-on dit.

Les réunions ont continué, Atilio m'a remplacé et a parlé à environ 300 personnes.

La nouvelle de mon retour soudain au Japon s'est répandue sur Internet, et environ 500 personnes ont contacté *Le Monde*, mais ils ne voulaient toujours pas bouger.

Réception d'une décoration de la Pologne

En 2011, juste après le séisme de Tōhoku, alors que nous étions tous ébranlés par les scènes de dévastation causées par le tremblement de terre et le tsunami dans le nord-est du Japon, la nouvelle totalement inattendue est tombée : le président polonais allait me décerner la croix de chevalier de l'ordre du mérite de la République de Pologne pour ma contribution à la cause de l'espéranto en Europe.

L'année suivante, un symposium a été organisé au parlement polonais pour commémorer le 125e anniversaire de la naissance de l'espéranto, et je me suis adressé à l'assemblée en espéranto en tant qu'invité d'honneur. J'ai passé deux jours à préparer mon discours pour qu'il ne dure que dix minutes et je me suis entraîné à le lire à haute voix des milliers de fois.

Mes heures de pratique ont été récompensées lorsque, après mon discours, le sénateur et ancien ministre de l'Éducation Edmund Wittbrodt, président du groupe parlementaire de soutien à l'espéranto, m'a serré la main et m'a dit : « Excellent ! ».

Mon ami, le lauréat du prix Nobel

Lorsque j'étais au congrès mondial d'espéranto 2001 à Zagreb, en Croatie, le professeur Selten d'Allemagne a engagé la conversation avec moi. Il m'a raconté la fois où, en 1994, lui et sa femme rentrant des magasins avaient trouvé une grande foule de gens devant leur maison. Ils ont demandé : « Y a-t-il eu un accident ? La réponse fut : « Félicitations pour le prix Nobel ». Apparemment, le comité du prix avait essayé de le contacter par téléphone une demi-heure auparavant, mais il était sorti, alors ils ont quand même fait l'annonce.

Le professeur, qui était dévoué à sa femme et qui poussait son fauteuil roulant partout pour elle, m'a dit : « Le prix a complètement changé notre vie. Presque chaque semaine, j'étais invité à donner une conférence au Cameroun, à Rome, en Pologne ou ailleurs ».

Il a reçu ce prix pour ses travaux sur la théorie des jeux, qui peut être appliquée à la prise de décision dans des domaines tels que la gestion, le gouvernement et la science. Elle est apparemment indispensable à l'informatique, même si je dois admettre que tout cela, c'est du grec pour moi.

Depuis, nous nous sommes rencontrés à plusieurs reprises dans différents endroits et sommes devenus de bons amis. En 2007, il est venu au Japon pour donner une conférence à l'université de Kagawa pendant une violente tempête. Mille soixante-dix personnes ont bravé le temps et écouté avec une attention soutenue son discours, qu'il a prononcé en espéranto, admirablement interprété par le professeur Shigeaki Nagamachi de l'université de Tokushima.

Après la conférence, une réception en l'honneur du professeur Selten a été organisée au Sanbonmatsu Royal Hotel, situé à proximité, et une chorale de 22 membres a chanté en espéranto.

Le lendemain, je l'ai accompagné au musée d'art Ōtsuka, dans la ville de Naruto, non loin de là. C'est un musée inhabituel, qui abrite une collection de reproductions en céramique d'œuvres célèbres provenant des grandes galeries d'art et des musées du monde entier. Le professeur Selten a semblé très impressionné par cette collection, faisant remarquer qu'il faudrait des années pour faire le tour du monde afin de voir tous les originaux.

Un seul Dieu,
une seule langue internationale

En 1995, j'ai fait partie d'un groupe qui s'est rendu en Amérique pour participer à la célébration religieuse marquant le 50e anniversaire de la fondation des Nations unies, avec 56 autres personnes, dont Kenshū Fujimitsu de l'école bouddhiste Tendai, Seitarō Nakajima du sanctuaire Meiji et Kyotaro Deguchi d'Oomoto.

Un millier de membres de religions du monde entier se sont réunis à New York. Je me suis présenté au doyen James Parks Morton de la cathédrale de St John the Divine, qui présidait les travaux, et lui ai remis une invitation au congrès mondial d'espéranto de l'année suivante à Prague.

Dans mon invitation, j'avais écrit : « Outre le développement de la coopération entre les religions du monde, je pense qu'une langue internationale équitable est également nécessaire à la paix mondiale. J'aimerais que vous et Mme Morton fassiez l'expérience du monde de l'espéranto lors du congrès de l'année prochaine à Prague ».

Au printemps suivant, je n'avais toujours pas reçu de réponse. Puis, en mai, alors que j'avais commencé à perdre espoir, la nouvelle est tombée

A Prague avec Dean et Mme Morton, Charles Rowe, le traducteur en anglais de ce livre, et Mme Rowe, 1996

qu'ils allaient venir. Le congrès de cette année-là a réuni 3 000 espérantophones du monde entier, et Dean et Mme Morton ont participé activement à l'évènement. Lors de la réunion de la section d'Oomoto, à laquelle assistaient 700 congressistes, Dean Morton a prononcé un discours.

« En 1975, à la cathédrale St John the Divine de New York, nous nous sommes écartés de 2 000 ans de tradition chrétienne et avons invité Oomoto à célébrer un culte shinto japonais au maître-autel. Cela a provoqué un tollé dans les milieux chrétiens américains, certains demandant que je sois chassé de New York. Mais je crois en l'idéal tel qu'enseigné par Oomoto, d'un seul Dieu', avec les religions du monde coopérant les unes avec les autres ; d'un seul monde', un monde libéré de la guerre ; et d'une seule langue internationale', la langue équitable pour les peuples du monde, l'espéranto, qui, je crois, détient la clé de la réalisation de la paix mondiale, et je resterai fidèle à cet idéal aussi longtemps que je vivrai. »

Toutes les personnes présentes ont été profondément émues d'entendre ces mots du doyen Morton.

Espérantistes notables

Des personnes intéressantes ont été comptées parmi les locuteurs et les partisans de l'espéranto. En voici quelques exemples :

Ikki Kita (1883-1937, penseur et activiste politique japonais). Il a proposé l'utilisation de l'espéranto, affirmant que l'anglais aurait le même effet toxique sur le peuple japonais que l'exportation d'opium par l'Empire britannique sur les Chinois.

Inazō Nitobe (1862-1933, éducateur et diplomate japonais). Nitobe croyait que le monde serait plus heureux si les gens pouvaient échanger des idées dans une langue commune.

Futabatei Shimei (1864-1909, romancier japonais). Il est l'auteur du premier livre d'apprentissage de l'espéranto pour les Japonais *Sekaigo*.

Romain Rolland (1866-1944, auteur français). Rolland a dit : « Si nous apprenions à parler six langues nationales, notre vie serait finie quand nous aurions terminé. Mais à partir du moment où nous apprenons l'espéranto, nous sommes au début d'une nouvelle vie. C'est notre arme pour la libération de l'humanité ».

Josip Broz Tito (1892-1980, homme politique yougoslave et leader du mouvement des non-alignés). Célèbre pour son slogan « Mort au fascisme, liberté au peuple ». Tito a également approuvé l'espéranto en déclarant : « Les grandes puissances peuvent faire pression pour l'hégémonie de leurs langues, mais l'espéranto est la véritable langue internationale ».

Léon Tolstoï (1828-1910, écrivain russe) « Après deux heures d'étude, j'ai pu lire et écrire dans cette langue. L'apprentissage de l'espéranto contribuera à la création d'un royaume divin sur la terre ».

Charles Richet (1850-1935, physiologiste français). « L'espéranto est aussi musical que l'italien, aussi clair que le français et aussi parfait que le grec ».

Parmi les espérantophones japonais notables et les personnalités attirées par l'espéranto, on peut également citer Asajirō Oka (zoologiste), Kanji Ishiwara (général d'armée), Hisashi Inoue (romancier), Tadao Umesao (anthropologue), Sakae Ōsugi (penseur anarchiste), Sen Katayama (militant syndical), Erika Kobayashi (auteur et mangakJ), Toshihiko Sakai (socialiste), Takamaru Sasaki (acteur), Jinzaburō Takagi (physicien), Teru Hasegawa (militant antiguerre), Katsuichi Honda (journaliste), Kenji Miyazawa (poète), Kunio Yanagita (folkloriste) et Sakuzō Yoshino (politologue).

Parmi les autres locuteurs et partisans de l'espéranto dans le monde, citons Henri Barbusse (romancier français), Vasili Eroshenko (poète russe), Zhou Enlai (Premier ministre chinois), Hô Chi Minh (président vietnamien), Ba Jin (romancier chinois), Max Müller (indologue germano-britannique), Mao Zedong (président du parti communiste chinois), Reinhard Selten (économiste allemand) et Lu Xun (romancier chinois).

Erika Kobayashi (Photographie
reproduite avec l'aimable
autorisation de Tokyo Shimbun)

Zamenhof, combattant pour la paix

L'ophtalmologiste Ludoviko Lazaro Zamenhof est né en 1859 à Białystok, dans l'actuelle Pologne, une ville où il pouvait entendre parler autour de lui le russe, le polonais, l'allemand et le yiddish. Né juif, avec une langue, des coutumes et une religion différentes de celles des autres groupes, il a été confronté quotidiennement à des conflits interethniques et à la violence résultant d'un manque de compréhension. Surmontant l'adversité et les préjugés, il a consacré sa vie à la création d'une langue neutre qui permettrait aux gens de converser librement sur une base d'égalité.

Élevé par sa mère dès l'enfance dans la croyance que tous les hommes sont frères et sœurs, Zamenhof a fait de l'objectif de sa vie de faire comprendre qu'avant d'appartenir à une nation ou une tribu, nous sommes avant tout membres de la race humaine. Il a ensuite créé une langue internationale commune dans laquelle chacun pourrait librement converser avec n'importe qui, tout en respectant la langue maternelle, la culture et la religion de l'autre.

Depuis le Moyen Âge, il y a eu environ 800 tentatives de création d'une langue construite, mais la seule qui ait survécu est l'espéranto, animé par la noblesse de caractère et l'aspiration à la paix mondiale de son créateur.

Les 28 lettres de l'alphabet espéranto se prononcent toujours de la même façon. L'accent est mis sur l'avant-dernière syllabe d'un mot, sans exception. Il n'y a pas de verbes irréguliers, et les mots peuvent être construits en utilisant un système régulier de préfixes et de suffixes. La capacité à créer de nouveaux mots est intégrée et, bien que l'espéranto présente l'inconvénient de n'avoir aucun rapport avec les langues d'Asie orientale et l'arabe, il peut librement absorber le vocabulaire d'autres langues, y compris le japonais. Par exemple, en suivant la règle selon laquelle les noms se terminent par -o, *kabuki* devient *kabuko*, *tatami* devient *tatamo*, et ainsi de suite.

En éliminant les éléments redondants, Zamenhof a mis au point une grammaire qui peut être résumée en 16 règles seulement, ne prenant pas plus de deux pages. Grâce à cette grammaire simplifiée, il a été dit que la langue est cinq fois plus facile à apprendre que l'anglais, dix fois plus facile que le russe et vingt fois plus facile que l'arabe.

À l'heure actuelle, il y a environ un million d'utilisateurs de l'espéranto dans plus de cent pays qui communiquent entre eux dans différents domaines. Parmi les langues utilisant les services de réseaux sociaux dans la communication internationale, l'espéranto arriverait en 15e position sur 229 langues.

Le monde est maintenant confronté à la nécessité de s'unir pour répondre à de graves problèmes que Zamenhof lui-même n'aurait pas pu prévoir. Je ne peux qu'espérer que l'espéranto apporterait un rayon de lumière pour nous guider en ces temps troublés.

L'univers et la vie

Je termine par un extrait de mon livre préféré, *In Search of Meaning*, de Hidemaru Deguchi.

Le monde est infiniment vaste, et infiniment riche. Ce qui fait que ce vaste monde semble étroit et que ses richesses semblent pauvres, c'est le cœur humain. Ce monde pourrait être un paradis, si seulement nous pouvions nous en tenir à un cœur inclusif qui ne fait qu'un avec le ciel et la terre, un cœur ouvert qui ne poursuit pas ce qui part, ni ne rejette pas ce qui vient à nous. Rejetant le moi étroit, adhérons au moi plus grand.

Lève les yeux et regarde les cieux.

Admirez le mystère des innombrables étoiles scintillantes, l'éclat éternel du soleil et de la lune.

Regardez en bas et regardez la terre.

Les arbres étendent leurs branches, les oiseaux chantent, les bêtes se multiplient et les gens prospèrent.

Hidemaru Deguchi (Photographie reproduite avec l'aimable autorisation de Oomoto)

Le vent et la pluie arrivent au moment voulu, les saisons se succèdent.
La mer danse, le vent fait de la musique, les montagnes changent de couleur, les nuages jouent.
Je suis nourri par les dieux, par mes parents,
Amoureux, amis et même ceux que je ne connais pas.
Ils sont tous avec moi.
Je pourrais continuer à me plaindre toute la journée.
Une simple feuille tombant sur le sol pourrait m'irriter,
Le son lancinant d'un moustique, le bourdonnement d'une mouche, le regard d'une personne, le temps qu'il fait.
Toutes ces choses pourraient me rendre fou de colère.

Des atomes aux galaxies,
Le ciel et la terre travaillent sans relâche,
Écartons l'étroitesse et la laideur,
Et attachons-nous à ce qui est vaste et beau.
Ce qui nous donne ces choses au bon moment
C'est ce que nous appelons Dieu,

Ce qui choisit parmi eux au bon moment
C'est nous, les êtres humains.
Ne perdons pas de vue l'infini et l'éternel,
Éblouis par les petites choses qui passent devant nos yeux.
Sans se presser, à un rythme détendu,
Laissez-nous profiter de la beauté des fleurs
Et du goût des fruits des arbres
À portée de main, à distance de marche.
Se reposer quand on est fatigué, boire quand on a soif,
Bouger le jour et dormir la nuit.
La voie du nirvana est un chemin sans heurts.

Les gens du monde entier sont tous ici avec la permission de Dieu.
L'ennemi des uns est l'allié des autres,
L'ennemi d'un autre est l'ami d'un autre encore.
Nous tous, ne sommes-nous pas tous des enfants de Dieu ?
Pardonnons à nos ennemis, dévouons-nous les uns aux autres.
Revenons, revenons au cœur de Dieu.

Les activités d'espéranto de Oomoto ont commencé à la suggestion de Hidemaru, il y a près de cent ans.

Postface

En écrivant cette histoire, je me suis souvent retrouvé à remonter le temps jusqu'à mon enfance.

Lorsque j'ai déménagé dans la maison où je vis maintenant, j'étais en cinquième année d'école primaire. J'étais toujours dans la même ville, mais notre nouvelle maison se trouvait à la périphérie, près de la mer. Dans cette maison, qui était celle d'un de mes camarades de classe, il n'y avait pas de véritables tatamis, sauf au Nouvel An et au festival O bon ; le reste de l'année, la famille utilisait des nattes de paille grossières. J'ai été surpris lorsque j'ai vu cela pour la première fois.

Portant sur leur dos de grands paniers, aussi grands qu'eux, mes camarades de classe coupaient l'herbe pour nourrir le bétail. On m'a donné un plus petit panier, que j'ai rempli de plantain et de pissenlit pour nourrir les lapins. Nous gardions environ six ou sept lapins dans une caisse à pommes tapissée de paille. Ils avaient l'habitude de m'appeler en frappant sur le sol avec leurs pattes arrière. Si nous mettions des mâles et des femelles ensemble, environ un mois plus tard, cinq ou six petits naissaient. Si nous les élevions, nous pouvions en tirer environ 70 yens chacun, mais ils me manquaient une fois qu'ils avaient été échangés contre de l'argent.

J'ai toujours été un amoureux des animaux. J'avais souvent l'habitude de regarder les bœufs travailler dans les champs. Sans pouvoir se reposer une seconde, ils travaillaient jusqu'à la tombée de la nuit en tirant la charrue, haletant pendant qu'on les poursuivait dans le champ avec un fouet.

Le plus bouleversant pour moi était de voir une vache mère séparée de son veau. Nuit après nuit, la vache criait : « Rends-moi mon veau ». En entendant les gémissements de la vache, je ne pouvais pas dormir.

Lorsqu'un animal ne pouvait plus travailler dans les champs, il était vendu pour la viande et chargé dans un camion, résistant de toutes ses forces. Souvent, son abri et son propriétaire lui manquant, un bœuf s'échappait et revenait en courant de l'abattoir, à des dizaines de kilomètres de là.

J'avais de la peine pour mes camarades de classe qui devaient travailler chaque jour pour remplir leur quota d'un panier d'herbe, mais la souffrance du bétail me brisait le cœur.

Mais au fur et à mesure que je passais de l'enfance à la jeunesse, la détresse liée à ma polio devenait accablante et m'amenait au plus profond du désespoir. Pourquoi n'étais-je pas né normal ? J'ai même pensé à mourir. Puis, ma rencontre avec Oomoto m'a montré que tout n'était pas sombre. Pour surmonter mon handicap, j'ai fait de ma vie la tâche de faire tout ce que je pouvais pour développer l'entreprise Swany, en apprenant de tout ce qui m'entourait. Relever ce défi a été le début de ma nouvelle vie.

En atteignant l'âge mûr, j'ai développé une maladie rénale. En jeûnant et en suivant un régime à base de légumes crus, j'ai réussi à combattre cette maladie, et j'ai réussi à survivre jusqu'à mes 80 ans.

J'ai également abordé le problème de la langue, en suivant les enseignements d'Oomoto, et j'ai fait ce que je pouvais pour contribuer à la popularisation de l'espéranto comme langue internationale pour remplacer l'anglais.

Dans tous les cas, c'est l'adversité qui a donné de la force à ma vie. J'ai appris, aussi, que le destin ne distribue pas un fardeau impossible à porter.

En m'en tenant fermement à l'enseignement de Hidemaru Deguchi « Sois reconnaissant dans l'adversité, ne sois pas dépendant des autres, prends des risques », j'ai surmonté diverses difficultés, ce qui, je crois, m'a aidé à atteindre un certain degré de compréhension.

Je tiens à remercier mes lecteurs pour la patience dont ils ont fait preuve en lisant ma prose d'amateur. Si cela peut vous être utile, je ne peux que m'en réjouir.

Pour écrire ce livre, j'ai reçu les conseils de Kyotaro Deguchi, conseiller d'Oomoto, de Kiyoyuki Kosaka, professeur d'allemand et président de l'association d'espéranto de Kagawa, de Mariko Koyama, présidente de l'association Polio de Tokyo, de Hiroyoshi Iwazawa, ancien directeur général, et de nombreux autres collègues de Swany, de mes amis Tamotsu Nakagawa et Satoru Yamasaki, et de Teruko Matsumoto et Minori Seyasu, amies de ma femme.

J'ai également été énormément aidé dans la préparation de ce livre pour la publication par « I », qui souhaite rester anonyme. Je tiens à leur exprimer mes remerciements, ainsi qu'à toutes les autres personnes sans l'aide et le soutien généreux desquelles je n'aurais pas pu terminer ce livre.

Etsuo Miyoshi, mars 2021

著者紹介

三好鋭郎（みよし・えつお）

株式会社スワニー相談役
1939年、香川県に生まれる。生後6ヵ月で罹った小児麻痺の後遺症で、右足が不自由になる。
1964年より、株式会社スワニーの後継者として、スキー・防寒用手袋のセールスに世界中を飛び回る。
ニューヨークで見たキャスター付きトランクを機内持ち込みサイズに小型化し、身体を支えながら運べる「スワニーバッグ」や、世界一小さく折りたためる車椅子「スワニーミニ」を考案し、ヒットさせた。
社長、会長を経て、現在は相談役。

株式会社スワニー
769-2795　香川県東かがわ市松原981
URL http://www.swany.co.jp

不自由な足が世界を広げてくれた
―スワニーバッグ誕生物語―　　　　　　　　　〈検印省略〉

2022年　12月　28日　第　1　刷発行

著　者―― 三好　鋭郎（みよし・えつお）
発行者―― 佐藤　和夫
発行所―― 株式会社あさ出版
〒171-0022　東京都豊島区南池袋2-9-9 第一池袋ホワイトビル6F
電　話　03（3983）3225（販売）
　　　　03（3983）3227（編集）
ＦＡＸ　03（3983）3226
ＵＲＬ　http://www.asa21.com/
Ｅ-mail　info@asa21.com
振　替　00160-1-720619

note　　　http://note.com/asapublishing/
facebook　http://www.facebook.com/asapublishing
twitter　　http://twitter.com/asapublishing

Copyright © 2022 Etsuo Miyoshi

本書を無断で複写複製（電子化を含む）することは、著作権法上の例外を除き、禁じられています。また、本書を代行業者等の第三者に依頼してスキャンやデジタル化することは、たとえ個人や家庭内の利用であっても一切認められていません。乱丁本・落丁本はお取替え致します。